Jacopo Pasotti

WIE VIEL WIEGT EIN BERG?
WISSENSCHAFT ÜBER DER BAUMGRENZE

Das Buch

Wie entstehen Gebirge? Warum ist es im Tunnel warm und nicht bitter kalt? Weshalb sind die meisten Berge spitz, manche aber auch nicht? Wie schützt man sich am besten vor einer Lawine und was tut man, wenn man doch mal von einer überrollt wird? Und schließlich: Wie viel wiegt ein Berg? Für alle Bergsteiger, Kletterer, Skifahrer, Hüttenfreunde und alle, die die Berge lieben: Wissenswertes, Kurioses und Interessantes aus der Gebirgswelt.

Der Autor

Jacopo Pasotti arbeitet als Autor und Fotograf u.a. für *National Geographic* und *Die Zeit* und hat an Exkursionen nach Nepal, in die Arktis und in die Antarktis teilgenommen. 2011 wurde er mit dem *Piazzano-Preis* für Wissenschaftsjournalismus ausgezeichnet.

Besuchen Sie uns auch auf www.facebook.com/blanvalet
und www.twitter.com/BlanvaletVerlag

Jacopo Pasotti

WIE VIEL WIEGT EIN BERG?

WISSENSCHAFT ÜBER DER BAUMGRENZE

Aus dem Italienischen
von Johannes von Vacano

blanvalet

Die Originalausgabe erschien 2015 unter dem Titel
»La scienza in vetta« bei Codice edizioni, Turin.

Der Verlag weist ausdrücklich darauf hin, dass im Text
enthaltene externe Links vom Verlag nur bis zum Zeitpunkt
der Buchveröffentlichung eingesehen werden konnten.
Auf spätere Veränderungen hat der Verlag keinerlei Einfluss.
Eine Haftung des Verlags ist daher ausgeschlossen.

Verlagsgruppe Random House FSC® N001967

1. Auflage
Taschenbucherstausgabe
Copyright © 2015 by Codice edizioni, Turin
Copyright der deutschsprachigen Ausgabe
© 2015 Hoffman und Campe Verlag, Hamburg
Copyright dieser Ausgabe © 2017 by Blanvalet,
einem Unternehmen der Verlagsgruppe Random House GmbH,
Neumarkter Straße 28, 81673 München
Umschlaggestaltung und -illustration: www.buerosued.de
JB · Herstellung: sam
Satz: Farnschläder & Mahlstedt, Hamburg
Druck und Bindung: GGP Media GmbH, Pößneck
Printed in Germany
ISBN 978-3-7341-0368-1

www.blanvalet.de

INHALT

011 Einleitung

DIE BERGE VON UNTEN

❶ Eine Frage der Sphären
016 Wie entstehen Gebirge? Plattentektonik
021 Der Ozean gibt nach: Die Anden
024 Kontinente auf Kollisionskurs: Der Himalaja
026 Ozeane unter sich: Japan

❷ Wie weich ist doch Gestein!
028 Berge: Auf Biegen …
030 … und Brechen
034 Kann man Erdbeben vorhersagen?

❸ Fiebernde Berge
042 Warum ist es im Tunnel warm?
043 Wie viel wiegt ein Berg?

❹ Gebirge im Ruhestand
046 Wie alt ist dieser Berg?
050 Kann die Zeit Berge versetzen?
055 Der älteste Berg der Welt

❺ Hoch, höher, am höchsten
060 Die Vermessung der Berge: Gestern …
063 … und heute

DIE BERGE VON INNEN

- **(6)** Der Stoff, aus dem die Berge sind
- 070 Der Kreislauf der Gesteine
- 072 Aus Feuer geboren: Magmatisches Gestein
- 073 Gesteine aus zweiter Hand: Sedimentgestein
- 075 Niedergeschlagenes Gestein
- 076 Natürliches Recycling: Metamorphes Gestein

- **(7)** Korallenkonstrukte und Bernsteingeschichten
- 079 Tierische Baumeister: Biogenes Gestein
- 080 Seeigel in Cortina?
- 084 Berge mit Loch: Karst

- **(8)** Ein König unter den Mineralen
- 087 Quarz ist Trumpf: Kristalle

- **(9)** Feuerberge, auch unter Wasser
- 092 Vulkane
- 096 Kann man Vulkanausbrüche vorhersagen?
- 101 Unterwassergebirge: Seamounts

DIE BERGE VON AUSSEN

- **(10)** Die perfekte Form der Berge
- 106 Weshalb sind Berge spitz?
- 110 Weshalb sind nicht alle Berge spitz?
- 112 … und manche sogar ein Turm?!

⓫ Berge on the Rocks
114 Steter Tropfen höhlt den Stein – doch Eis höhlt stärker!
116 Was ist ein Gletscher?
117 Warum »fließt« das Eis?
119 Gebirgsgletscher
121 Wie man eine Sonnenbrille auf einem Gletscher wiederfindet

⓬ Zerdrückte Berge
124 Wie hätten die Alpen ohne Eiszeit ausgesehen?
128 Rock and Slide: Wie kommt es zu einem Erdrutsch?
131 Kann man Erdrutsche vorhersagen?

⓭ Grüne Berge
133 Der älteste Baum der Welt
134 Wieso verlieren Lärchen ihre Nadeln, Kiefern aber nicht?
135 Weshalb Wälder gesund machen
138 Gebirgsblumen sagen mehr als tausend Worte
139 Überlebensstrategien am Berg
140 Wenn das Eis sich rosa färbt

⓮ Bewohner der Berge
142 Weshalb der Alpensteinbock (fast) nie abstürzt
143 Gibt es Leben auf dem Eis?
145 Auch Gletscher haben Flöhe
146 Tierische Tricks für das Überleben im Winter
150 Wieso können tibetische Mönche auf 5000 Metern Fußball spielen?
155 Was ist die Höhenkrankheit?
158 Was man bei Höhenkrankheit tun kann – und was man besser lässt

DIE BERGE VON OBEN

15 Wärme und Kälte in den Bergen
164 Weshalb wird die Luft immer kälter,
 je weiter man nach oben steigt?
167 Wieso ist es im Gebirge trotzdem wärmer als im Tal?
172 Auf der Sonnenseite oder im Regen?
173 Gibt es die perfekte Hüttenpasta?

16 Regen, Wind und Blitze!
174 Sommerregen
176 Wie entsteht der Föhn?
178 Was sind typische Gebirgswolken?
180 Ziehen Kiefern und Lärchen Blitze an?

17 Die Wissenschaft vom Schnee
182 Wie entsteht Schnee?
185 Warum ist Schnee weiß?
186 Das Leben einer Schneeflocke
191 Der perfekte Schneeball
194 Reinigt Schnee die Luft?

18 Die Wissenschaft des Carving
196 Weshalb gleiten Skier?
197 Das Geheimnis eines guten Carving-Skis
200 Wie entstehen Lawinen?
205 Wie lange überlebt man unter einer Lawine?

ZUSATZINFORMATIONEN UND WISSENSWERTES

- 029 Welcher ist der höchste Berg? Mount Everest, Mauna Kea oder Chimborazo?
- 031 Ziehharmonikagebirge, oder: Die Geburt der Alpen
- 035 Unsichtbare Gebirge: Die Mittelozeanischen Rücken und Hotspots
- 044 Gibt es Berge auf dem Mond?
- 049 Unsichtbare Berge: Die Gebirgszüge der Antarktis
- 053 Berge mit Charakter: Der Mont Pelé
- 057 Berge mit Charakter: Der Ayers Rock
- 062 Berge mit Charakter: Das Matterhorn
- 077 Leonardos Irrtum über das Innenleben der Berge
- 082 Leonardos Wissen über Fossilien
- 089 Naica: Die größten Kristalle der Welt
- 098 Die Vulkane Italiens
- 100 Berge mit Donnerschlag: Der Mount St. Helens
- 120 Klimawandel: Weniger Eis, mehr Gletscher?
- 122 Das Leben auf einem Gletscher
- 127 Alpen, Exorzismen und eine kleine Kältezeit
- 149 Spurensuche im Gebirge
- 152 Das Edelweiß
- 157 Eine Überdruckkammer gegen die Höhenkrankheit
- 165 Warum frieren Gebirgsseen nicht zu?
- 168 Was hilft gegen die Kälte?
- 169 Fünf Dinge, die man tun kann, um Erfrierungen zu vermeiden, und fünf Dinge, die man tunlichst lässt
- 188 Stimmt es, dass keine Schneeflocke der anderen gleicht?
- 192 Sind Kunstschnee und echter Schnee gleich?
- 204 Lawinen: Was lehrt uns die Geschichte?
- 206 Wie funktioniert der Lawinen-Airbag?

EINLEITUNG

Als ich mit der Schule fertig war, habe ich mich für Geologie eingeschrieben. Glaubt nicht, ich hätte diesen Entschluss aufgrund meiner innigen Liebe zu Kristallchemie oder Geophysik gefasst, ganz zu schweigen von Angewandter Geologie. Nichts von alledem. Ich liebte Klettern, Bergsteigen und Skifahren, liebte es, mit Freunden in die Berge zu flüchten, unser Lager aufzuschlagen, wo es eben ging, und immer neue Abenteuer in den Bergtälern auszuhecken. Meine Neugier für die geologischen Wissenschaften wurde entfacht vom Granit des Veltlins, dem Kalk der Grigna, dem gleichnamigen Gestein der Dolomiten und dem Gneis des Aostatals. Kurz: Ich habe Geologie studiert, weil ich schon früh am liebsten im Freien war, wo ich die Natur mit meinen eigenen Händen berühren und den kühlen Bergwind auf der Haut spüren konnte – die Geologie war die perfekte Ausrede, um mich in den Bergen herumzutreiben.

Dann haben sich die Dinge gewandelt, und ich fand bald fast genauso viel Gefallen daran, mich in einer Bibliothek oder einem Labor zu verkriechen, wie an meinen Ausflügen ins Gebirge. Ich entdeckte ein gewisses Interesse für Themen, von denen ich niemals gedacht hätte, dass sie mich faszinieren und stundenlang an den Schreibtisch fesseln könnten. Wie konnten nur aus praktisch demselben Magma zwei vollkommen unterschiedliche Gesteine entstehen? Je mehr ich studierte und herausfand, desto mehr begeisterten mich die Vielfalt der Natur und die Fähigkeit der Wissenschaft, eine gewisse Ordnung in ihre Komplexität zu bringen.

Die Freude an der Auseinandersetzung mit dem Gebirge hat für mich nie nachgelassen. Mein Blick hat sich jedoch verändert, und ich erkenne in den verschiedenen Formen, die mich umgeben, eine Geschichte, eine Abfolge von Ereignissen und Prozessen, die den Tälern, Graten und Gipfeln der Gebirge ihren Stempel aufgedrückt haben. Ich entdecke Zeichen und Merkmale, die ich früher weder lesen noch interpretieren konnte. Ich bin von Geschichten umgeben, die erklären, wie jener Gletscher dort oben entstanden ist oder was die Flechte über das Klima verrät, die vor mir auf dem Felsen wächst.

Nichts anderes erhoffe ich mir für alle, die gerade in diesem Buch blättern. Ich wünsche mir, dass es die Neugier weckt, einem der vielen kuriosen Aspekte der Berge auf den Grund zu gehen. Und dass der Wunsch, mehr über sie zu erfahren, mit der Zeit immer weiter wächst. Ich hoffe, kurz gesagt, dass beim Lesen die Antworten auf einige wissenschaftliche Fragen zugleich immer wieder neue Fragen aufwerfen und neues Interesse entstehen lassen. Sei es auf einer sonnenbeschienenen Wiese im Hochsommer, sei es in einem gemütlichen Sessel, während vor dem Fenster der Schnee fällt.

DIE BERGE VON UNTEN

EINE FRAGE DER SPHÄREN

WIE ENTSTEHEN GEBIRGE? PLATTENTEKTONIK

Unser Planet genießt es, sich zu erneuern. Würden wir ihn wie eine Wassermelone in der Mitte durchschneiden, könnten wir sehen, dass er aus vielen konzentrischen Sphären aufgebaut ist: von seinem Kern bis hin zur Erdoberfläche, die wie eine Art raue, feste Haut die äußerste Schicht bildet.

Diese Haut, die *Lithosphäre*, regeneriert sich ständig entlang von Gebirgszügen im Ozean, den Mittelozeanischen Rücken, wo geschmolzenes Gestein (*Magma*) aus den Tiefen der Erde aufsteigt. Zugleich werden ihre ältesten Teile unter den Kontinenten aufgezehrt, teilweise auch unter den anderen Ozeanen. Dieser Vorgang wird *Subduktion* genannt und bewirkt, dass die Lithosphäre in die Tiefe hinabsinkt, wo die Erdwärme das Gestein wieder in seinen geschmolzenen Urzustand zurückversetzt.

Die ozeanische Lithosphäre hat eine durchschnittliche Dichte von 2,9 Gramm je Kubikzentimeter (sie ist also etwa dreimal so schwer wie Wasser), während die im Allgemeinen dickere kontinentale Lithosphäre auf 2,7 Gramm je Kubikzentimeter kommt und damit leichter ist. Das ist freilich kein großer Unterschied, aber er reicht aus, damit die ozeanische unter die kontinentale Lithosphäre absinkt. Diese Subduktion und die Ausbreitung der Ozeane sind die Triebkräfte hinter der Kontinentalverschiebung. Sie sind somit die Ursache für die langsame, aber unaufhaltbare Bewegung der Kontinente und für die Entstehung der Gebirge.

Die starre Lithosphäre (sie bricht eher, als dass sie sich verformt) ist in tektonische Platten unterteilt. Diese gewaltigen steinernen Flöße folgen einer Strömungsbewegung, der Konvektion, die wiederum in der *Asthenosphäre* entsteht (in etwa 80 bis 200 Kilometern Tiefe). Tektonische Platten erkennt man an hoher seismischer Aktivität, manchmal an Vulkanen und (da sind sie endlich!) an der Entstehung von Gebirgszügen.

Die Asthenosphäre ist heiß – sehr heiß sogar! –, und da man sie nicht wirklich flüssig nennen kann (es geht hier um geschmolzenes Gestein bei etwa 1600 °C), muss man sich vorstellen, dass sie aus einem verformbaren Material besteht, das je nach Temperatur und jeweiliger Zusammensetzung mehr oder weniger gut fließt. Die Rede ist hier von unendlich langsamen Bewegungen, von Millimetern pro Jahr, die jedoch ausreichen, um die darüberliegende Lithosphäre mit sich zu ziehen. Was sich hier, in der Asthenosphäre, ereignet, hat große Ähnlichkeit mit Vorgängen, die wir auch

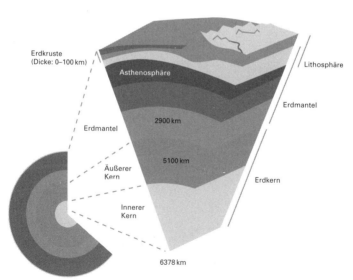

Abbildung 1 – Der konzentrische Aufbau der Erde

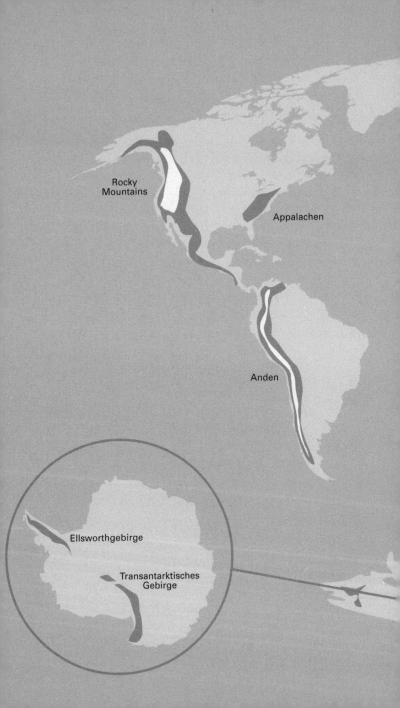

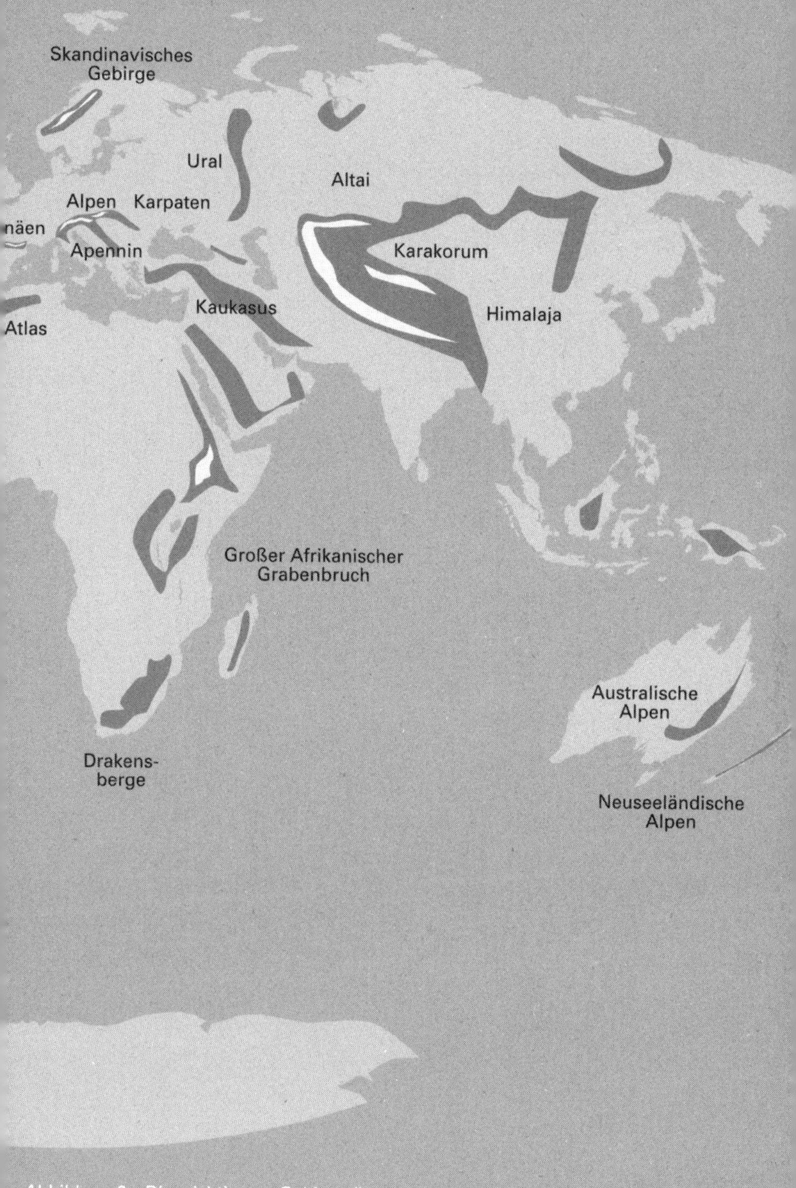

Abbildung 2 – Die wichtigsten Gebirgszüge

in unserem Suppentopf beobachten können: In der Mitte, wo die Hitze der Herdplatte größer ist, ist es heißer, während zu den Rändern hin die Temperatur etwas abnimmt. Die Bewegung der Gemüsestücke verläuft in der Mitte von unten nach oben, an den Rändern hingegen von oben nach unten. Auf dieselbe Weise entstehen innerhalb der Asthenosphäre Bewegungen im geschmolzenen Gestein, die an der darüberliegenden Lithosphäre, der Oberfläche unserer Suppe, zerren, sie in Stücke brechen, anschieben und mit anderen Fragmenten der Lithosphäre kollidieren lassen. Dieser Vorgang wurde vor rund hundert Jahren entdeckt und erstmals beschrieben. Wir kennen ihn heute als *Plattentektonik*.

Nach diesem kurzen theoretischen Vorspann können wir nun voll ins Thema einsteigen. Erstens: Gebirge entstehen an den Rändern der lithosphärischen Platten. Zweitens: Letzten Endes ist alles eine Frage der Dichte.

Entlang der Mittelozeanischen Rücken entsteht neue Lithosphäre, die auf der darunterliegenden Asthenosphäre treibt und sich von den Rücken wegbewegt. Wo zwei Platten aufeinandertreffen, schiebt sich die schwerere Lithosphäre unter die leichtere. Das Magma, das an den ozeanischen Rücken austritt, bildet lithosphärisches Gestein, dessen Dichte etwas höher ist als die der kontinentalen Lithosphäre. Aus diesem Grund muss es bei einem Zusammenstoß seinem leichteren Gegenüber den Vortritt lassen und versinken. Nicht zuletzt aufgrund dieser Dichtedifferenz liegen die Meeresgründe tiefer und unter Wasser, während die Kontinente höher liegen, über dem Meeresspiegel.

Offensichtlich ist die Lithosphäre nicht flüssig und bewegt sich nur widerwillig; die Bewegung, um die es hier geht, beläuft sich in der Tat auch nur auf wenige Millimeter pro Jahr, wobei die Gesteinsschichten, die sich hier unter andere Platten schieben, Dutzende von Kilometern dick sein können. Es ist ein sehr langsamer Vorgang, der große Reibung hervorruft, Brüche und Verformungen im Gestein nach sich zieht, und an dessen Ende schließlich ein Gebirgszug steht. Immerhin sprechen wir hier von Geologie, also von Ereignissen, die man in Erdzeitaltern misst, aber auch von unermesslichen Kräften, die mit der Zeit gewaltige Erhebungen bewirken können.

⛺ DER OZEAN GIBT NACH: DIE ANDEN

Gebirgsketten wie die Rocky Mountains oder die Anden entstehen dort, wo die ozeanische Lithosphäre sich wie ein Keil unter die kontinentale schiebt. Dabei wird die Lithosphäre – während sie nach und nach in die Tiefe sinkt – eingeschmolzen und kehrt innerhalb der Asthenosphäre wieder zu ihrem quasiflüssigen Zustand zurück.

Die Erdbeben, Berge und Vulkane, welche die Anden auszeichnen, sind tatsächlich Folgen der Subduktion der ozeanischen Kruste unter die kontinentale Kruste der Südamerikanischen Platte. Die kontinentale Erdkruste – gewissermaßen die Epidermis unseres Planeten: der äußerste, leichteste und unflexibelste Teil der Lithosphäre – neigt dazu, sich aufzutürmen und zu wölben, und das liegt an der Reibung der beiden großen Erdmassen, die aufein-

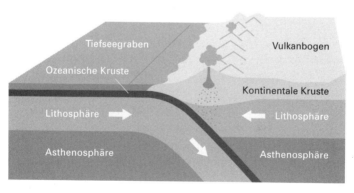

Abbildung 3 – Entstehung eines Gebirges (1):
Ozeanische Kruste vs. Kontinentale Kruste

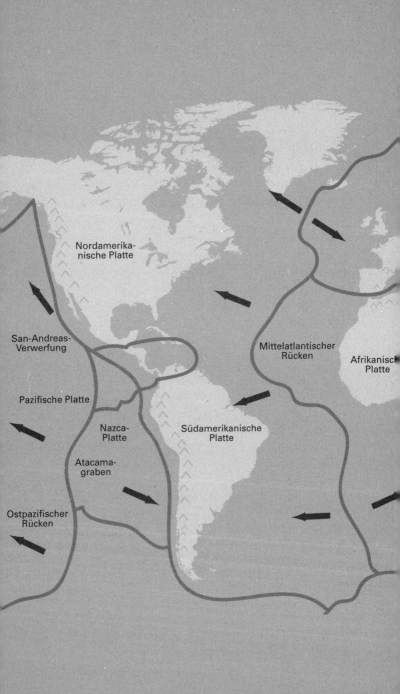

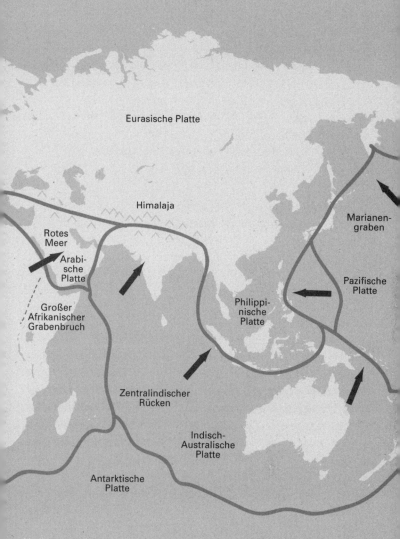

Abbildung 4 – Die wichtigsten tektonischen Platten

andertreffen und in entgegengesetzte Richtungen schieben. Die kontinentale Südamerikanische Platte gleitet nach Westen auf die ozeanische pazifische Lithosphäre und wellt sich dabei wie ein Teppich auf unebenem Untergrund.

Wo umgekehrt die ozeanische Lithosphäre in die Asthenosphäre unter dem amerikanischen Kontinent rutscht, entstehen aus der großen Masse riesige Blasen geschmolzenen Gesteins (*Magma*), die eine geringere Dichte aufweisen als die Erdkruste und die sich mitten in der kontinentalen Lithosphäre ausbreiten. Sie steigen immer weiter auf und erhärten schließlich im Gebirgsmassiv oder, was seltener ist, erreichen die Erdoberfläche und bilden einen der vielen Vulkane, von denen die Anden durchzogen sind.

KONTINENTE AUF KOLLISIONSKURS: DER HIMALAJA

Befinden sich aber zwei kontinentale Lithosphären auf Kollisionskurs, wird die Sache schon komplizierter: Da sich die Dichte der beiden Erdmassen kaum unterscheidet, möchte sich keiner der anderen unterordnen.

Es ist, als würden zwei Teppiche gegeneinandergeschoben: Es kommt zum frontalen Zusammenstoß, die kontinentalen Krusten türmen sich immer höher auf und bilden kolossale Gebirge. Die daraus resultierenden Erschütterungen dringen bis weit in den Kontinent vor. Das trifft beispielsweise auf den sogenannten alpidischen Gürtel zu, den gewaltigen Gebirgszug, der die Alpen mit den Karpaten verbindet, sich von dort weiter bis in den Kaukasus erstreckt und schließlich den Himalaja erreicht. Er ist das Resultat einer Kollision der Eurasischen mit vier weiteren Kontinentalplatten (der Afrikanischen, der Arabischen, der Indischen und der Australischen). Dieser Zusammenstoß hat vor etwa 60 Millionen Jahren begonnen und ist noch immer in vollem Gange.

Es lohnt sich, beim Himalaja (was auf Sanskrit etwa »Wohnsitz des Schnees« bedeutet) kurz innezuhalten, da er eine ganz eigentümliche Geschichte aufweist. Die aufragenden Gipfel dieses Gebirgszugs sind das Resultat der frontalen Kollision von Indien und der Asiatischen Platte – bei (geologischer!) Höchstgeschwindigkeit – vor einigen Dutzend Millionen Jahren. Begeben wir uns also 120 Millionen Jahre in die Vergangenheit: Als Teil eines enormen Kontinents namens Gondwana (der Afrika, die Antarktis und Australien umfasste) hing Indien an Madagaskar und Afrika (und wahrscheinlich auch an Australien). Ein weiter tropischer Ozean, Tethys genannt, trennte es hingegen von Laurasien (einem weiteren Superkontinent, der aus Eurasien, Nordamerika und Grönland bestand). Dann, vor etwa 80 Millionen Jahren, hat Indien sich endgültig von Madagaskar gelöst und begonnen, mit 10–20 Zentimetern im Jahr Richtung Norden zu »eilen«. Afrika und Madagaskar blieben zurück, während Indien innerhalb von 40 Millionen Jahren rund 5000 Kilometer zurücklegte und vor etwa 40 Millionen Jahren schließlich gegen den asiatischen Kontinent stieß. Der Aufprall war (geologisch betrachtet) nicht von schlechten Eltern und schuf die Hochebene von Tibet, wobei einige Verwerfungen sich bis ins Herzland der Mongolei erstrecken.

Abbildung 5 – Entstehung eines Gebirges (2):
Kontinentale Kruste vs. Kontinentale Kruste

Seither wurde Indiens Schwung zwar ausgebremst, aber nicht völlig zum Stillstand gebracht. Es drückt weiterhin unnachgiebig gegen Asien und dringt mit etwa 5 Zentimetern pro Jahr in den Kontinent ein, was wiederum dessen schneebedeckte Gebirge weiter in die Höhe schiebt und auch die Erdbeben verursacht, die beispielsweise die Hochlagen Pakistans und Nepal erschüttern.

OZEANE UNTER SICH: JAPAN

Es kann auch geschehen, dass eine ozeanische Platte sich unter eine andere ozeanische Platte keilt. Das trifft zum Beispiel auf die Pazifische Platte zu, die sich mit der haarsträubenden Geschwindigkeit von 8 Zentimetern pro Jahr unter Japan und, weiter im Süden, auch unter Neuseeland schiebt. Dabei entstehen Inseln, und zwar in sehr bergigen Varianten; Japan besteht zu immerhin 73 % aus Bergen und weist nur wenige, zumal schmale, ebene Flächen auf. Die damit verbundenen Vulkane sind zudem gewaltig. Der Fuji erreicht eine Höhe von 3776 Metern, während der neuseeländische Aoraki (auch Mount Cook genannt) auf 3724 Meter kommt.

Sobald die ozeanische Kruste den Rand der Eurasischen Platte erreicht, versinkt sie und beginnt zu schmelzen. Hierbei steigen riesige Magmablasen in die Lithosphäre auf und gelangen an die Oberfläche. So entstanden die etwa 200 (davon 60 aktiven) japanischen Vulkane des sogenannten Pazifischen Feuerrings, der auf rund 40 000 Kilometern Länge den Pazifik u-förmig umschließt: Hier ereignen sich etwa 90 % aller Erdbeben und hier stößt man auch auf einige der eindrucksvollsten Vulkane des Planeten.

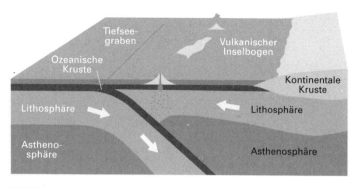

Abbildung 6 – Entstehung eines Gebirges (3):
Ozeanische Kruste vs. Ozeanische Kruste

WIE WEICH IST DOCH GESTEIN!

BERGE: AUF BIEGEN ...

Gestein ist offensichtlich hart, sehr hart sogar, aber es lässt sich auch verbiegen wie Wachs. Alles eine Frage der Zeit: Um Wachs zu verformen, genügt etwa eine halbe Minute. Um hingegen die Erdkruste zu verbiegen, sind Millionen von Jahren nötig, immense Kräfte, die den Stein zusammendrücken, und extrem hohe Temperaturen.

Diese Bedingungen herrschen erst ab einer gewissen Tiefe – da, wo die Berge noch im Entstehen begriffen sind. Das Gestein reagiert auf diese Einwirkungen, indem es sich *plastisch verformt* (davon spricht man, wenn das Material seine Gestalt dauerhaft verändert; kehrt es hingegen zu seiner ursprünglichen Form zurück, ist die Rede von *elastischer Verformung*). Man kann sich natürlich nur schwer vorstellen, wie hartes Gestein sich auf einer Länge von Dutzenden oder Hunderten von Metern wie weiches Wachs verformt, aber unter bestimmten Bedingungen können sich solche Faltungen sogar über Kilometer erstrecken! Sie erreichen manchmal derartige Ausmaße, dass man sie nur mit Hilfe von Luftaufnahmen oder einem wirklich geübten Blick entdecken kann. In anderen Fällen erkennt man sie aber auch leicht am Verlauf einer Straße oder am Schwung der Ufer eines Flusses, der sich seinen Weg durch die Berge gebahnt hat. Die Alpen, der Himalaja oder die Appalachen – alle Gebirgszüge sind voll von Beispielen solcher Gesteinsfalten.

Welcher ist der höchste Berg?
Mount Everest, Mauna Kea oder Chimborazo?

Das kommt darauf an. Der Mount Everest – dem wir für den Augenblick seinen nepalesischen Namen zurückgeben wollen, Sagarmāthā, oder, auf Sanskrit, Qomolangma – erhebt sich 8848 Meter über den Meeresspiegel und hält damit ohne Zweifel den Rekord. Gäbe es jedoch das Meer nicht, müsste man den ersten Platz vielleicht eher dem Vulkan Mauna Kea zusprechen, der zwar nur 4200 Meter aus dem Wasser ragt, dessen Spitze jedoch rund 10 000 Meter vom Meeresboden entfernt ist (was bedeutet, dass 5800 Meter unter Wasser liegen).

Die sieben höchsten Gipfel

Berg	Kontinent	Höhe
Mount Everest	Asien	8848 Meter
Aconcagua	Südamerika	6962 Meter
Mount McKinley	Nordamerika	6194 Meter
Kilimandscharo	Afrika	5895 Meter
Elbrus	Europa	5642 Meter
Mount Vinson	Antarktis	4892 Meter
Mount Kosciuszko	Australien	2228 Meter

Um den Gipfel ausfindig zu machen, der am weitesten vom Mittelpunkt der Erde entfernt ist, müssen wir uns nach Ecuador begeben, genauer gesagt in die Anden, wo wir auf den Chimborazo stoßen, der eine Höhe von 6310 Metern über dem Meeresspiegel aufweist. Kalkuliert man jedoch mit ein, dass die Erde (bei weitem) keine perfekte Kugel ist, dann ist der Gipfel des Chimborazo 6384 Kilometer vom Mittelpunkt der Erde entfernt und schlägt somit den Sagarmatha – oder Qomolangma – um gut zwei Kilometer.

Was aber, wenn wir unseren Planeten verlassen und die Jagd

nach dem höchsten Berg bis an die Grenzen des Sonnensystems ausweiten? In diesem Fall befände sich der Sieger auf dem Mars, wo sich der Mount Olympus auf eine Höhe von mehr als 22 Kilometern erhebt und dessen Basis einen Durchmesser von 600 Kilometern aufweist. Er ist der gewaltigste Vulkan des Sonnensystems und daher auch der höchste Berg in diesem heimeligen Winkel der Galaxis. Wissenschaftlern zufolge ereignete sich seine letzte Eruption vor rund zwei Millionen Jahren, sodass man ihn noch als aktiven, wenngleich als einen ruhenden Vulkan bezeichnen kann.

... UND BRECHEN

Unter anderen Bedingungen wird das Gestein sich nicht verbiegen, sondern brechen: Wo zwei Bereiche der Erdkruste sich aneinander entlangbewegen, entstehen Verwerfungen oder Bruchflächen im Gestein, auch *Scherzonen* genannt. Wenn in einer solchen Zone die Bewegung die Widerstandsfähigkeit des Gesteins übersteigt, bricht es, und es kommt zu Erdbeben.

Erdbeben ereignen sich meist an jenen Verwerfungen, die weitläufige Bruchlinien (oder »Familien« von Bruchlinien) darstellen, deren Entstehung wiederum mit dem Aufeinandertreffen zweier Platten der Erdkruste zusammenhängt. Diese Verwerfungen verformen sich aufgrund des Schubs der Platten, wobei sich im Verlauf der Jahre immense Energiemengen aufstauen. Diese Energie wird freigesetzt, wenn das Gestein unter der Belastung schließlich nachgibt und bricht. Anstelle eines trockenen Knackens kommt es hierbei allerdings zu einem Erdbeben. Diese Vorgänge sind von einer monumentalen Langsamkeit, weshalb zwischen einem schweren Erdbeben und dem nächsten oftmals Jahrzehnte oder sogar Jahrhunderte liegen. Unser Planet ist durchzogen von unendlich vielen Verwerfungen, wovon einige unfassbar groß sind, andere wiederum nur wenige Dutzend Meter lang. Einige sind aktiv (oder *rezent*), was bedeutet, dass die beiden Abschnitte der Erdkruste, die sich entlang der Bruchlinie berühren, zunehmend Energie ansammeln (also auch genau in diesem Moment!). Überschreitet die aufgestaute Menge das Belastungsmaximum, wird die gesamte Energie auf einmal freigesetzt und ruft ein Erdbeben hervor. Andere Verwerfungen sind jedoch inaktiv (oder *fossil*) und erinnern eher an Narben, die von urzeitlichen Bewegungen der Erdkruste künden.

Die weltweit bekannteste dieser Verwerfungszonen ist wahrscheinlich der San-Andreas-Graben in den Vereinigten Staaten. Von beeindruckender Zerstörungskraft – die sie vor nicht allzu langer Zeit erneut unter Beweis gestellt haben – sind allerdings auch die Alpine-Verwerfung in Neuseeland (Erdbeben der Stärke 7 im Jahr 2010) sowie die Nordanatolische Verwerfung in der Türkei (Erdbeben der Stärke 7,2 in der Region Van im Jahr 2011). Beide erstrecken sich über Hunderte von Kilometern durch gebirgige Gebiete und verlaufen unweit bedeutender Städte wie Istanbul oder Christchurch, die tatsächlich als hochgradig erdbebengefährdet gelten. Aber auch der Apennin, die Wirbelsäule Italiens, ist auf seiner gesamten Länge von Verwerfungen durchzogen, von denen einige hohe Aktivität aufweisen.

Ziehharmonika-Gebirge, oder: Die Geburt der Alpen

Stellen wir uns einmal eine Geschichte des alpinen Gebirgszugs im Zeitraffer vor, der Hunderte Jahrmillionen vor unserer Zeit einsetzt und bis heute reicht. Das Ergebnis wäre erstaunlich: Die ganze geographische Region würde sich vor unseren Augen erst auffalten, dann wieder verschließen, wie eine Art geologische Ziehharmonika.

Unser Zeitraffer setzt vor etwa 200 bis 230 Millionen Jahren ein. Zunächst sehen wir einen einzigen gewaltigen Kontinent namens *Pangea* (Griechisch für »die ganze Erde«), der im Wesentlichen alle heutigen Kontinente umfasst. Wo sich heute die Alpen erheben, befindet sich noch der Ausläufer eines tropischen Meeres, hier und da mit Inselchen oder Korallenatollen besprenkelt. Im Zeitraffer präsentiert sich uns ein tropisches Paradies, und hätte es damals schon die Städte Zürich oder Como gegeben, wären wir wohl im Einbaum von der einen zur anderen gereist (oder womöglich im Segelboot, da etwa 700 Kilometer zwischen ihnen gelegen hätten).

Auf einmal, vor etwa 150 Millionen Jahren, sehen wir, wie Tethys – ein Ozean nicht unähnlich jenem, der heute Afrika und Eurasien vom amerikanischen Kontinent trennt – sich wie ein Keil in die Landmasse Pangeas schiebt und den Urkontinent in zwei kleinere Kontinente aufbricht. Im Norden entsteht Laurasien (der Eurasien und Nordamerika umfasst), im Süden Gondwana (bestehend aus Südamerika, Afrika, Indien, Australien und der Antarktis). Auf dem aktuellen Stand bräuchten wir, um von Como nach Zürich zu gelangen, schon ein ordentliches Schiff, weil zwischen den beiden Städten inzwischen 1500 Kilometer Ozean lägen.

Vor 60 Millionen Jahren beginnt der Atlantik jedoch sich zu öffnen, indem Nord- und Südamerika sich langsam von ihren jeweiligen Fragmenten des Urkontinents lösen. Gleichzeitig setzt auch das Ende des Ozeans Tethys ein, der sich nun zunehmend schließt, wie auch der Zeitraffer zeigt. Ebenfalls kann man sehen, dass zwei Teile Gondwanas (die wir heute Afrika und Indien nennen) kräftig nach Norden drängen und einen Kollisionskurs zum eurasischen Kontinent aufnehmen. Der Ozean wird schließlich teilweise unter aufgehäufter kontinentaler Lithosphäre begraben, teilweise wird er eingequetscht und emporgepresst wie Marmelade zwischen zwei Scheiben Brot. Das ist die Geburtsstunde des alpidischen Gürtels (von den Alpen bis zum Himalaja), dessen Grate sich nun langsam aus der Erdkruste erheben. Der Zeitraffer endet damit, dass Como und Zürich heute nur 300 Kilometer Luftlinie voneinander entfernt sind. Um von der einen Stadt in die andere zu gelangen, muss man zwar keinen Ozean mehr überqueren, dafür aber einen Gebirgszug (während hier und da in den Alpentälern Geologen noch immer Spuren der alten Tethys und ihrer ozeanischen Kruste erkennen können).

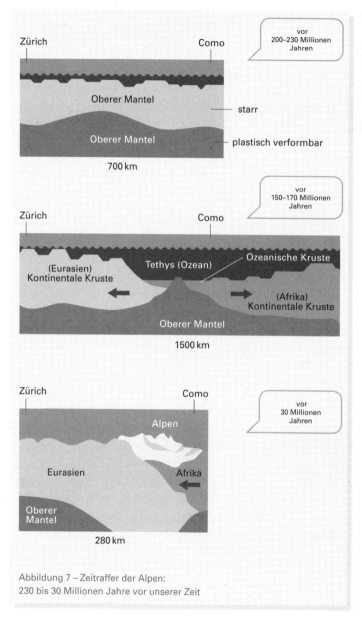

Abbildung 7 – Zeitraffer der Alpen:
230 bis 30 Millionen Jahre vor unserer Zeit

KANN MAN ERDBEBEN VORHERSAGEN?

Die Antwort lautet nein. Die Sorge um die Erdbebengefährdung und die Auswirkungen auf Bevölkerung und Infrastruktur jedoch sind groß, weshalb es nicht verwundert, dass von der Wissenschaft erwartet wird, diese Frage früher oder später mit einem Ja beantworten zu können. Leider bleibt die Antwort nach dem aktuellen Kenntnisstand aber nach wie vor und ohne jeden Zweifel negativ: Der genaue Zeitpunkt eines Erdbebens und seine Intensität bleiben unvorhersehbar – wie übrigens viele andere Naturphänomene auch: das Wetter, Vulkanausbrüche, der Klimawandel.

Seismologen suchen schon seit langem nach sogenannten *Vorläuferphänomenen*, also nach Phänomenen, die ein bevorstehendes Erdbeben ankündigen. Bislang haben sie jedoch noch nichts wirklich Zuverlässiges gefunden. Die Wissenschaft ist allerdings in der Lage, auf Gebiete hinzuweisen, in denen ein Erdbeben mit höherer Wahrscheinlichkeit auftreten wird als in anderen. Hierzu stützt man sich auf das Vorhandensein und die genaue Beschaffenheit von Verwerfungen, die Lage auf der Erdkruste, die Geologie und die Geschichte des Terrains. Das ist jedoch mit Vorsicht zu genießen, denn es geht hier um Wahrscheinlichkeiten, die nur auf lange Sicht eine gewisse Gültigkeit haben können. Man kann mit ihrer Hilfe mehr oder weniger genau angeben, wo die großen *seismogenen Verwerfungen* verlaufen (also jene Verwerfungen, die schwere Erdbeben hervorrufen können) oder wie stark das heftigste zu erwartende Erdbeben ausfallen wird. Ebenso kann man abschätzen, wie hoch die Beschleunigung sein wird, die der Boden am Tag des Erdbebens erfährt, oder angeben, mit welcher Wahrscheinlichkeit eine bestimmte Verwerfung in den nächsten zehn oder hundert Jahren aktiv wird. Das ist, wenn man darüber nachdenkt, nicht gerade viel. Das entsprechende Erdbeben könnte sich ja bereits in einem oder zwei Jahren ereignen und direkte Auswirkungen auf unser Leben haben. Oder aber erst in hundert Jahren, wenn unsere Nachkommen mit den Folgen konfrontiert sein werden. Dennoch kann man aufgrund dieser Informationen schon heute Entscheidungen treffen, die sich in der Zukunft als nützlich erweisen, sollte es zum Erdbeben kommen. Gerade deshalb verweisen die Geologen unermüdlich auf die engen Grenzen ihrer Forschungsergebnisse und beharren darauf, dass man in erste Linie auf Prävention setzen müsse: Unsere Städte müssen erdbebensicher gemacht werden, um das früher oder später über sie hereinbrechende Erdbeben aushalten zu können.

Es wäre nur allzu schön, wenn man Kröten nach dem Geheimnis der Erdbebenvorhersage fragen könnte. Anscheinend haben diese Tiere nämlich die eine oder andere Botschaft von Mutter Natur aufgefangen, kurz bevor 2009 ein großes Erdbeben die italienische Stadt L'Aquila zerstört hat. Einige Forscher, die in den südlichen Marken – etwa 60 Kilometer von L'Aquila entfernt – das Paarungsverhalten von Kröten studierten, hatten durch Zufall herausgefunden, dass die Kröten jener Region fünf Tage vor dem Erdbeben ihre Höhlen und Partner zurückgelassen und sich in gewisser Weise auf die Flucht begeben hatten. Leider ist es recht schwer, eine Kröte zu befragen, weshalb man den Tierchen ihr Geheimnis bislang noch nicht entlocken konnte. Man vermutet jedoch, dass sie Schwankungen im Magnetfeld der Erde oder in der Konzentration bestimmter Gase wahrgenommen haben, die Tage oder Stunden vor dem Erdstoß ausgetreten sind.

Unsichtbare Gebirge:
Die Mittelozeanischen Rücken und Hotspots

Stellen wir uns einmal vor, dass die Ozeane unseres Planeten für eine Woche weggezaubert würden. Während dieser magischen Zeit könnte man den Meeresboden erkunden und dabei auf gewaltige Gebirgszüge stoßen, die sonst unter Wassermassen verborgen sind. Diese Gebirge werden Mittelozeanische Rücken genannt und gehören teilweise zum Mittelatlantischen Rücken, der den Atlantik von Norden nach Süden durchläuft

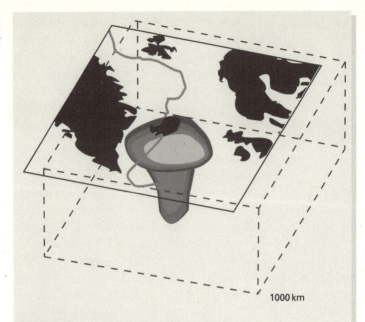

1000 km

Abbildung 8 – Islands *Hotspot*: Die Island-Plume

◇◇

zu jenem, der die Pazifische Platte im Westen von der Nazca- und der Cocosplatte trennt (die sich unter Mittel- und Südamerika schieben), oder aber zu dem, der die Afrikanische Platte von der Indischen und der Australischen Platte und der Antarktis trennt. Diese Rücken erheben sich etwa 2000 Meter über den Ozeanboden (der im Durchschnitt in einer Tiefe von 4000 Metern liegt) und werden ununterbrochen von schwachen Erdbeben und Vulkanausbrüchen erschüttert – das bei Letzteren austretende Magma bildet dabei neue ozeanische Lithosphäre. Würden unsere Ozeane kurzzeitig verschwinden, wäre es sicher atemberaubend, dieses Schauspiel einmal aus der Nähe betrachten zu können.

Andere beeindruckende Erhebungen, die es während der Abwesenheit der Ozeane zu besichtigen gäbe, wären riesige

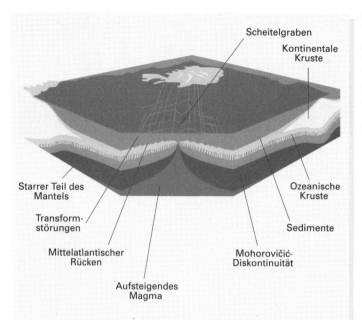

Abbildung 9 – Querschnitt der Lithosphäre bei Island

◇◇

Vulkane, die aus der Tiefe des Meeres bis an oder sogar über die normalerweise vorhandene Wasseroberfläche reichen. Der Mauna Loa und der Mauna Kea, die beide Teil der hawaiianischen Inseln sind, erreichen vom Ozeanboden bis zur Spitze gerechnet eine Höhe von 8000 bis 10 000 Metern! Dasselbe gilt für die Osterinseln, die Kanaren, die Kapverdischen Inseln und viele andere, die wie Säulen den Ozean stützen. Obwohl sie weit von den Rändern der verschiedenen tektonischen Platten entfernt sind, also ihre Existenz nicht der Kollision zweier solcher Platten verdanken, haben all diese Inseln einen vulkanischen Ursprung: Sie sind die Folge sogenannter *Hotspots* – Bereiche, in denen extrem heißes Material aus der Asthenosphäre die starre ozeanische Lithosphäre in schlanken Säulen erreicht, sich dort helmbuschartig auffächert

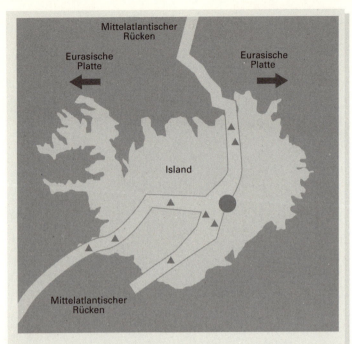

Abbildung 10 – Der Mittelatlantische Rücken verläuft mitten durch Island. Die roten Dreiecke stellen die wichtigsten aktiven Vulkane dar.

(daher der Name *Plume*, engl. Feder) und eine Magmakammer unter dem Ozeanboden bildet. Das Magma durchsticht die Lithosphäre schließlich in einer Eruption. Geologen sind der Meinung, dass das Magma dieser Vulkanausbrüche aus besonders tiefen Bereichen der Asthenosphäre stammt und im Allgemeinen sehr flüssig ist. Wie genau solche Plumes entstehen, ist jedoch nach wie vor wenig erforscht.

Sollte sich schließlich ein Hotspot entlang eines Mittelozeanischen Rückens bilden, gibt es dort einen wirklich erstaunlichen – man möchte fast sagen: übertriebenen – Magmaausstoß. Wo zwei Platten im Verlauf einer sogenannten *Spreizung* auseinanderdriften, kommt es zu vulkanischer Aktivität. Gesellt sich hierzu nun auch noch der Hotspot, der selbst weiteres Magma produziert, geschieht das, was etwa in Island oder der im Südatlantik liegenden Inselgruppe Tristan da Cunha zu beobachten ist. Island liegt genau auf dem Mittelatlantischen Rücken (der nordwestliche Teil der Insel ruht auf der Nordamerikanischen Platte, der südöstliche auf der Eurasischen) und exakt über einem Hotspot, dessen Durchmesser auf ein Vielfaches der Insel geschätzt wird. Es herrscht also ein gewaltiger Hitzestrom von der Asthenosphäre hin zur Oberfläche, was die zahlreichen aktiven Vulkane zur Folge hat, mit denen Island übersät ist.

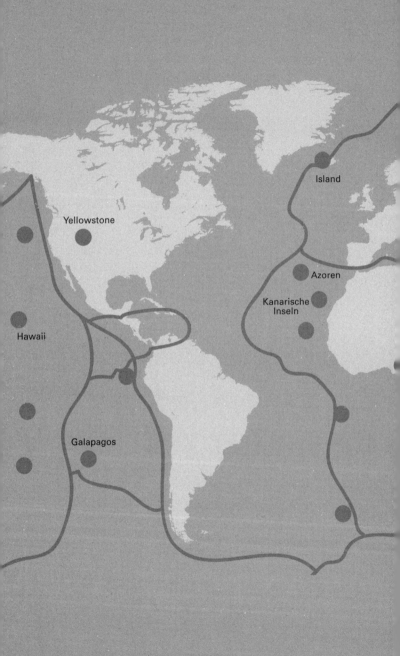

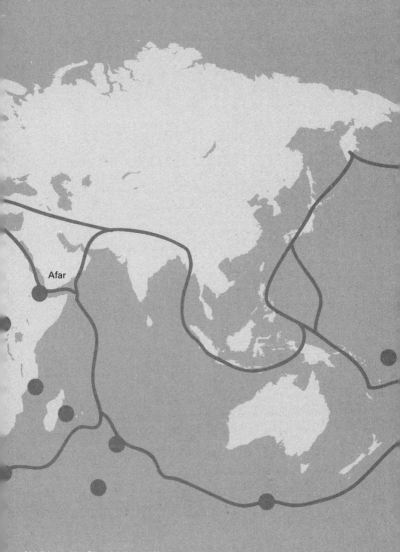

Abbildung 11 – Die wichtigsten Hotspots

FIEBERNDE BERGE

WARUM IST ES IM TUNNEL WARM?

Als der Sempiontunnel gegraben wurde, der Italien mit der Schweiz verbindet, war eines der Hauptprobleme für die beteiligten Bergarbeiter die Temperatur im Inneren der Ausgrabungen. Man schrieb das frühe 20. Jahrhundert und man wusste zwar, dass die Eingeweide der Erde mehr als nur warm waren, doch dass es bereits ausreichte, sich wenige Kilometer weit in den Bauch eines Bergmassivs zu graben, um auf Temperaturen von 45 °C und mehr zu stoßen, damit hatten die Ingenieure und Geologen nun wirklich nicht gerechnet. Die Bergarbeiter kamen nur mühsam voran, da sie mit heftigen Temperaturschwankungen zu kämpfen hatten (im Winter konnte es außerhalb des Tunnels auf −15 °C abkühlen), und die Arbeiten dauerten acht Jahre.

Die Tatsache, auf immer höhere Temperaturen zu stoßen, je tiefer man in die Erdkruste eindringt, ist als Phänomen längst bekannt und lässt sich in allen unterirdischen Bergwerken nachweisen. Die Goldmine TauTona in Südafrika etwa gehört zu den tiefsten der Welt: Die Tunnel wurden 3,9 Kilometer tief ins Gestein getrieben. Auf dieser Tiefe herrschen Temperaturen von rund 60 °C, und die Luft in den Gängen muss künstlich gekühlt werden.

Die höhere Temperatur in der Erdkruste ist der sogenannten *Geothermie* (oder Erdwärme) zu verdanken. Sie nimmt aufgrund des Wärmestroms aus dem Erdinneren zu, je tiefer man gelangt, und hat ihren Ursprung teilweise in der Entstehung des Planeten. Hauptsächlich hängt sie jedoch mit dem radioaktiven Zerfall von Uran, Thorium und Kalium zusammen, der ebenfalls Wärme produziert. Der Temperaturgradient gibt die Temperaturveränderung je nach Tiefe an. In »warmen« Bereichen wie den Mittelozeanischen Rücken oder vulkanischen Gebieten kann dieser Gradient beachtliche Ausmaße annehmen und 40 bis 80 °C pro Kilometer erreichen. Im Herzen des europäischen Kontinents, also inmitten einer stabilen kontinentalen Kruste, würde man eine Erwärmung von in etwa 25 °C pro Kilometer messen können, zumindest bis die Tiefe einige Kilometer erreicht.

WIE VIEL WIEGT EIN BERG?

Das Gewicht eines Berges berechnen? Nichts leichter als das – vorausgesetzt, man nimmt einige Vereinfachungen vor. Nehmen wir als Beispiel das Matterhorn mit seiner unverwechselbaren Pyramidenform (die es uns bereits um einiges leichter macht als etwa die des Montblanc-Massivs!). Statt den gesamten Berg mit seinen 4478 Metern in Augenschein zu nehmen, konzentrieren wir uns auf die letzten 2478 Meter: auf den einer tatsächlichen Pyramide am nächsten kommenden Teil des Berges, der auf sämtlichen Ansichtskarten von Cervinia bis Zermatt zu bewundern ist. Für unsere Berechnung haben wir also, weiter vereinfachend, eine steinerne Pyramide von 2478 Metern Höhe, deren Grundfläche eine Seitenlänge von rund drei Kilometern aufweist. (Vielleicht liegt es ja gerade an dieser großen Regelmäßigkeit, also dem nur unwesentlichen Unterschied zwischen Seitenlänge und Höhe, dass der Berg uns so gut gefällt?) Ihr Gesamtvolumen beträgt also etwa 7,5 Kubikkilometer an massivem Gestein. Jetzt müssen wir nur noch herausfinden, um welche Art von Gestein es geht. Im Sockel unserer Pyramide stoßen wir auf Überbleibsel jenes urzeitlichen Ozeans, der den afrikanischen und den eurasischen Kontinent voneinander trennte. Dieses Gestein hat eine recht hohe Dichte (zirka 2,8 Gramm pro Kubikzentimeter) und ähnelt darin auch dem weiter oben befindlichen Gneisgestein. An diesem Punkt haben wir es also so gut wie geschafft: Mit Volumen und Dichte können wir das Gewicht unserer Pyramide berechnen, indem wir beides ganz einfach miteinander multiplizieren (dabei aber nicht vergessen, die Dichte von Kubikzentimeter in Kubikkilometer umzurechnen). Das Matterhorn wiegt folglich 21 Billionen Kilogramm, das sind sage und schreibe zwölf Nullen nach der 21. Wir lassen dabei freilich so einiges außer Acht: die zahlreichen Zerklüftungen im Gestein, Wasservorkommen und nicht zuletzt mehr als 150 Jahre an Kletterhaken und sonstiger aufgegebener Ausrüstung, mit der Tausende Gipfelstürmer ihren Wagemut in Flanken und Gipfeln verewigt haben – aber das würde die Berechnung in der Tat ein wenig zu komplex machen.

Gibt es Berge auf dem Mond?

Alle Planeten unseres Sonnensystems haben eine anfängliche Phase durchlaufen, in der sie zumindest teilweise aus geschmolzenem Material bestanden. Da der darauffolgende Abkühlungsprozess recht rasch erfolgt ist, bildete sich auf ihnen eine harte externe Oberfläche, die Lithosphäre. In einigen Planeten ist der Kern jedoch warm geblieben, und der Zerfall einiger radioaktiver Elemente hat dessen Wärme weiter aufrechterhalten. Dabei ist es gerade die Bewegung des geschmolzenen Materials in seinem Inneren, die zur Abkühlung eines Planeten führt – und gleichzeitig auch zur Entstehung und Dynamik der tektonischen Platten und der Verformung der planetaren Oberfläche. Letztlich also auch zur Entstehung von Bergen und Gebirgen.

Jeder Planet des Sonnensystems hat seine eigene Geschichte, aber neben der Erde weisen auch die Venus, der Mars und vermutlich auch der Merkur Merkmale auf, die darauf schließen lassen, dass sie sich ausreichend Wärme bewahren konnten, um heute noch flüssiges Gesteinsmaterial in ihrem Kern zu haben. Auf Venus und Mars müssen ganz ähnliche Mechanismen am Werk gewesen sein wie auf der Erde, dennoch weisen sie keine Spur von Plattentektonik auf, wie wir sie von der Erde kennen. Wir wohnen folglich auf einem ganz außergewöhnlichen Planeten, dem einzigen, der aktive tektonische Platten sein Eigen nennen kann und der von *orogenetischen Phänomenen* gekennzeichnet ist, durch die sich Gebirge ausbilden. (Um genau zu sein, scheint es, als gäbe es in unserem Sonnensystem jedoch noch einen weiteren Himmelskörper mit einem plattentektonischen Mechanismus, der dem der Erde nicht unähnlich ist. Der Mond Europa, der natürliche Satellit des Jupiters, ist von einer Eisschicht überzogen, unter der sich ein gewaltiger Ozean verbirgt.)

Unser Mond aber hat seine innere Wärme eingebüßt. Er ist ein kaltes Gestirn, von manchen wird er sogar als toter Himmelskörper bezeichnet. Er hat keine aktiven Vulkane, er hat keine lithosphärischen Platten, die auf einem geschmolzenen Kern treiben, er ist seit mindestens drei Milliarden Jahren starr und eingefroren. Es fehlen schlicht die titanischen Zusammenstöße von Kontinenten, wie wir sie hier auf der Erde kennen, die sich in den Erdbeben bemerkbar machen und ihre sichtbarsten Spuren in der Entstehung von Gebirgszügen hinterlassen. Wie an seinem Beispiel klar wird, ist Plattentektonik eine der unabdingbaren Voraussetzungen für die Entstehung von Bergen, und wenngleich es auf dem Mond früher einmal vulkanische Aktivitäten gegeben haben mag, so ist er doch seit drei Milliarden Jahren bereits ein kleiner Planet im Ruhestand.

GEBIRGE IM RUHESTAND

WIE ALT IST DIESER BERG?

Die Frage nach dem Alter der Berge hat wahrscheinlich schon recht früh in der Entwicklung der menschlichen Zivilisation die Neugierde entfacht. Man muss sich nur ihr zerklüftetes Äußeres ansehen, das bisweilen finster erscheinen mag und doch stets majestätisch bleibt, um zu erahnen, dass sie wirklich unfassbar alt sein müssen. Noch bis ins 18. Jahrhundert hätte die Antwort nach dem Alter der Berge wohl gelautet, dass diese etwa 6000 Jahre alt sein müssten – die Zeitspanne, die gemäß der damaligen Bibelauslegung seit der Schöpfung der Welt vergangen war. Erst seit dem frühen 18. Jahrhundert konnte die geschichtliche Entwicklung der Erde, wie sie in der Bibel geschrieben steht, offen hinterfragt werden. Man kam zu dem Schluss, dass die Erde ein äußerst wechselhaftes Leben hinter sich hatte und dass die Gebirge das Resultat ziemlich komplexer Ereignisse sein mussten.

Ein paar Jahrzehnte waren jedoch bei weitem nicht ausreichend, um Jahrhunderte der Geschichtsschreibung auszuradieren. Zu jener Zeit bildeten die Gelehrten verschworene Gemeinschaften, die miteinander wetteiferten und jeweils eigene Theorien ins Feld führten, um die Entstehung von Kontinenten, Tälern und Bergen zu erklären. Ganz zu schweigen von den weiterhin unerklärlichen fossilen Überresten von Meeresorganismen im Herzen gewaltiger Gebirgszüge. Die durchsetzungsfähigsten dieser Riegen waren die *Katastrophisten* und die *Aktualisten*. Die Katastrophisten glaubten nicht an eine einzige große und strafende Sintflut, sondern vielmehr an eine ganze Reihe von Fluten, die in regelmäßigen Abständen auftraten und die Oberfläche der Erde umwälzten. Dabei seien Sedimente, Gesteine und Fossilien bis auf die Gipfel der Berge getragen worden. Nach Ansicht der Aktualisten hingegen hätten sich die natürlichen Prozesse, die schließlich zur Bildung der Kontinente führten, schrittweise ereignet, über immense Zeiträume hinweg: dieselben Prozesse – und das war der springende Punkt –, die man auch zu ihrer Zeit noch beobachten konnte.

Im Wettstreit um die Deutungshoheit, nach zahllosen akademischen Diskussionen, hat die Geschichte schließlich Letzteren recht gegeben. Die Entdeckung der wahren Kraft hinter der Entstehung der Kontinente ist Alfred Wegener zu verdanken, einem deutschen Wissenschaftler, der 1912 gegen den Widerstand einer überaus skeptischen wissenschaftlichen Gemeinschaft die Theorie der Kontinentaldrift oder Kontinentalbewegung aufstellte.

Aber wie lang sind die erwähnten »immensen Zeiträume« tatsächlich? Wissenschaftler greifen auf zwei Methoden zurück, um das Alter von Gesteinen zu bestimmen: die *absolute Datierung* und die *relative Datierung*. Die absolute Altersbestimmung führt zu einem konkreten Wert und kann daher das genaue Alter eines Gesteins angeben. Hierzu werden radiometrische Methoden angewandt, die sich die natürliche Radioaktivität einiger Bestandteile der Minerale zunutze machen. Die Zerfallsraten einiger instabiler Isotope zu stabilen Isotopen sind konstant, was sie zu einer Art natürlichen geologischen Uhr macht. Die radiometrische Stoppuhr wird in dem Augenblick gestartet, in dem das Gestein entsteht, also beispielsweise wenn Magma innerhalb der Erdkruste erhärtet und dabei Granit bildet. Die Erstarrung entspricht also der Stunde null, von der ab der Zerfall die abgelaufene Zeit widerspiegelt. Die für die Geologie nützlichen Isotope weisen Zerfallszeiten in der Größenordnung von Tausenden, teilweise Millionen von Jahren auf. Erwähnt sei beispielsweise Kalium (^{40}K), das zu Argon (^{40}Ar) zerfällt. Seine Halbwertszeit (also die Zeit, die benötigt wird, bis die Hälfte der Isotope zu stabilen Formen zerfallen ist) beträgt etwa eine Milliarde Jahre, weshalb es offensichtlich für die Altersbestimmung ganz besonders alten Gesteins verwendet wird. Andere Methoden dieser Art nutzen etwa den Zerfall von Uran zu Blei, um die Datierung von wirklich uralten Mineralen vorzunehmen. Seine Halbwertszeit beträgt bis zu mehrere Milliarden Jahre, womit man praktisch bei der Entstehung der Erdkruste angelangt wäre.

Eine weitere radiometrische Methode, die *Radiokohlenstoffdatierung*, beruht auf radioaktivem Kohlenstoff (^{14}C), der zu seinem stabilen Isotop (^{12}C) zerfällt. Im Gegensatz zu den bereits erwähnten Methoden wird diese jedoch angewandt, um das Alter jüngeren Gesteins zu bestimmen, dessen Halbwertszeit zirka 5000 Jahre beträgt. Dieser Ansatz greift auf den Kohlenstoff zurück, den jedes Wesen im Laufe seines Lebens in seinen Organismus aufnimmt und der beispielsweise zur Bildung menschlicher Knochen oder des Muschelgehäuses von Weichtieren verwendet wird. Die natürliche Stoppuhr wird gestartet, sobald der tierische oder pflanzliche Organismus stirbt und aufhört, neuen Kohlenstoff durch Atmung oder Ernährung aufzunehmen. Für diese Datierung kann all das genutzt werden, was von einem lebenden Organismus im Gestein erhalten bleibt.

Geologen stützen sich jedoch auch auf die zweite erwähnte Datierungsart, wenn es darum geht, das Alter von Gestein zu bestimmen: die relative Altersbestimmung. Hierbei erfährt man nicht, wie viele Jahre etwas bereits existiert, sondern ob ein bestimmtes Gestein älter oder jünger ist als ein anderes. Ein einfaches Beispiel: Finden wir in einer Gesteinsschicht Überreste von Dinosauriern, in der darüberliegenden hingegen Knochen, die von Vorfahren des Menschen stammen, lässt sich daraus ableiten, dass die obere Schicht jünger ist als die untere. In den letzten 200 Jahren haben Geologen Tausende fossile Arten (von Tieren und Pflanzen) katalogisiert, die von den ersten Spuren des Lebens bis heute reichen. Der Zweck dieser Sammlung liegt darin, die Abfolge geologischer Ereignisse bestimmen zu können. Anhand dieser Methode lassen sich selbst komplizierte geologische Vorgänge rekonstruieren, beispielsweise wenn Gestein mit fossilen Dinosauriern über Gestein mit den Überresten unserer Vorfahren aufgefunden wird. In dem Fall können wir ableiten, dass es entweder schon vor dem Untergang der Dinosaurier menschliche Gemeinschaften gab – was freilich die Evolutionsgeschichte unseres Planeten auf den Kopf stellen würde – oder aber, was wahrscheinlicher ist, dass ein geologisches Ereignis in diesem einen Gebiet die Gesteinsschichten durcheinandergebracht hat.

Unsichtbare Berge: Die Gebirgszüge der Antarktis

Die Antarktis wurde als letzter aller Kontinente erkundet. Bis spät ins 18. Jahrhundert fand man sie auf Seekarten nur als skizzenhaft angedeuteten Umriss, der zudem oft falsch war. Daher mussten die Kartographen jedes Mal, wenn ein Schiff die Gewässer der Südsee überwunden und den heimatlichen Hafen erreicht hatte, noch einmal neu ans Werk gehen. Es verwundert also wenig, dass man von allen Kontinenten von der Antarktis am wenigsten weiß. Auch das weit verbreitete Bild eines unter einer dicken Eisschicht begrabenen Kontinents ist nur teilweise richtig. Hier befinden sich vielmehr gewaltige Gebirgsketten, die zwar teilweise tief unter dem Eis versiegelt sind, aber teilweise auch wie Reihen von Inseln aus dem Eisschild hervorlugen. Eine davon ist erst vor kurzem entdeckt worden: das Gamburzew-Gebirge. Es verdankt seinen späten Ruhm einem besonderen Radarsystem, dessen Signale in der Lage waren, die Eiskappe der Antarktis zu durchdringen und bis zum Felssockel vorzustoßen. Von diesem zurückgeworfen, konnten sie anschließend von den Sensoren spezieller Radarflugzeuge wieder aufgefangen werden. Instrumente wie dieses ermöglichen es den Wissenschaftlern, durch die dicke Eisdecke eine Art Röntgenaufnahme des Gesteinsfundaments anzufertigen. Nachdem also vor nicht allzu langer Zeit auch die Eiskappe der Antarktis somit zumindest virtuell gelupft werden konnte, führte die Methode auch zum Fund des

Gamburzew-Gebirges. Man dachte zunächst, es sei von bescheidenen Ausmaßen und bereits weitgehend eingeebnet worden, bevor sich die Eismassen darüber ausgebreitet hatten – stattdessen aber handelt es sich um einen Gebirgszug, der in seinen Ausmaßen fast den Alpen den Rang abläuft. Forscher haben Gipfel, Täler und Berge von bis zu 3400 Metern Höhe entdeckt. Und das ist noch nicht alles: Man stieß sogar auf Gebirgsbäche und Seen, deren Wasser aufgrund des hohen Drucks durch den Eisschild an manchen Stellen im Felssockel flüssig bleibt. Eins dieser Gewässer ist der berühmte Wostoksee, der erst kürzlich von einer russischen Bohrung erreicht wurde. Nicht alle Berge der Antarktis jedoch sind unter dem Eis verborgen. Der höchste Gipfel des Kontinents befindet sich im 360 Kilometer langen Ellsworthgebirge: der Mount Vinson, mit einer Höhe von stattlichen 4892 Metern.

KANN DIE ZEIT BERGE VERSETZEN?

Der stete Tropfen höhlt den Stein, pflegte schon Seneca zu sagen – und hatte recht. Sei es durch Erosion, durch chemische Zersetzung oder durch Regen, der im Laufe der Zeit das Gestein abträgt: Jeder Berg ist einem ständigen Wandel unterworfen. Viele Prozesse zehren an einem Gebirge, doch die Hauptkraft, die auf Erhebungen einwirkt, ist und bleibt die Schwerkraft. Sie ist die uneingeschränkte Herrscherin über jedes irdische Phänomen und zieht ausnahmslos jeden Gegenstand zum Mittelpunkt der Erde.

Es ist demnach das Schicksal eines Berges, zu zerfallen und so einen tieferen Punkt zu erreichen – Stück für Stück, Kristall für Kristall. Gesteinsblöcke, Steine und Lehm enden unweigerlich im Tal, von wo aus sie in Flüsse, Seen und schließlich bis ins Meer gelangen. Finden wir uns damit ab: Berge sind nur ein vorübergehendes Formenspiel unseres Planeten, wenngleich wir es bei ihrem Wandel mit nicht unerheblichen Zeiträumen zu tun haben.

Wenn nun also die dynamischen Prozesse der Erde überhaupt

erst für topographische Erhebungen sorgen, so werden die Berge anschließend nach und nach durch Erosion abgetragen und das entstehende Gesteinsmaterial schließlich zu den Ozeanen transportiert. Dieser Abtransport erfolgt gratis und wird von den großen Speditionsunternehmen der Natur angeboten, namentlich der Luft (ein Gesteinsblock, der von einem Felskliff stürzt), dem Wasser (Gebirgsbäche, die Kiesel ins Tal tragen, und Flüsse, die den Lehm bis zu den Mündungen bringen), den Gletschern (den kräftigsten Packern, da sie jedwedes Material, unabhängig von Größe und Gewicht, befördern, ohne die geringste Anstrengung erkennen zu lassen) und dem Wind (wegen seiner zierlicheren Gestalt meidet er große Lasten und kümmert sich stattdessen um den Langstreckentransport von Staub und Partikeln).

Die Prozesse, die einen Berg zersetzen, sind mannigfaltig. Sie beginnen mit Sandkörnchen im Wind, die den Fels abschleifen. Aber auch ein gewaltiger Bergrutsch kann in kürzester Zeit das Aussehen eines Hangs oder den Lauf eines Flusses verändern. Denselben Einfluss haben die Zyklen von Frost und Schmelze, während derer flüssiges Wasser in Risse und Fugen eindringt, dort gefriert und beim Übergang zum festen Aggregatzustand sein Volumen so weit vergrößert, dass es einen enormen Druck innerhalb des ausgefüllten Hohlraumes erzeugt, der Riss sich immer weiter ausdehnt und schließlich ein ganzes Stück aus dem Fels bricht, hinabstürzt und ins Tal kullert. Und auch die Erosion durch Flüsse kann tiefe Schluchten und Täler in Gebirgszüge graben.

Es ereignet sich also etwas ganz Ähnliches wie beim Bau einer Sandburg. Solange wir uns darum kümmern, dass sie nicht in sich zusammenfällt, bleibt sie bestehen, aber sobald wir sie sich selbst überlassen, treten Wind, Regen und Wellen auf den Plan und ebnen alles wieder ein. Versuchen wir jedoch herauszufinden, mit welcher Geschwindigkeit diese Erosionsprozesse zu Werke gehen, wird die Sache gleich viel komplizierter. Zu beobachten, wie schnell eine Sandburg sich in nichts auflöst, ist etwas ganz anderes, als die Geschwindigkeiten zu erfassen, mit denen die Alpen oder der Himalaja erodieren.

Dennoch haben Wissenschaftler es bis heute immer wieder versucht. Dabei haben sie das Material beobachtet, das von Gebirgsbächen und Flüssen abtransportiert wird, und festgehalten, wie schnell eine Felswand sich auflöst und wie lange eine flache und glatte Oberfläche aus Granit der Erosion widerstehen kann. Indem sie ihren Blick auf große Zeiträume richten, versuchen Geologen abzuschätzen, wie lange die Erosion einer Bergkette dauert. Nehmen wir als Beispiel die Alpen: Anhand von Schätzungen über die Menge an Sedimenten, die sich in den angrenzenden Becken angesammelt haben (der Po-Ebene im Süden sowie den Becken von Rhein, Rhône und Donau im Norden), konnten Wissenschaftler festhalten, dass die Alpen um einen halben Millimeter pro Jahr erodieren, manchmal auch um einen ganzen Millimeter.

Das klingt nicht nach besonders viel, richtig? Ziehen wir jedoch die Zeiträume in Betracht, um die es bei der Veränderung ganzer Planeten geht, wirken so manche Werte doch recht beeindruckend. Würden die Alpen sich nicht, wie bisher, ständig weiter erheben, wären sie in einer Million Jahren gut 1000 Meter niedriger. In vier Millionen Jahren wären sie demnach wenig mehr als eine Reihe sanft geschwungener Hügel – und für die Erde sind vier Millionen Jahre wirklich nicht viel. Aber keine Angst, denn die Alpen sind, wie gesagt, noch immer dabei, sich zu erheben. Da sie das sogar mit einer nicht unerheblichen Geschwindigkeit tun, nämlich mit rund einem Millimeter pro Jahr, ist die Bilanz bisher noch im positiven Bereich. Ist die Differenz auch gering, so übersteigt der Schub der Erdkruste doch noch die Schwerkraft und die Kräfte der Erosion, die das Gebirge von oben abtragen.

Im Himalaja ist die Höhenzunahme sogar noch größer, mit ihr allerdings auch die Erosion, die während der letzten Millionen Jahre auf einen Jahreswert zwischen zwei und fünf Millimeter geschätzt wird. Einige GPS-gestützte Untersuchungen in Tibet zeigen jedoch, dass das Gebirge sich weiter in die Höhe schiebt – in einigen Regionen des gewaltigen Massivs mit sage und schreibe 16 Millimetern im Jahr! Auch hier ist also die Bilanz weiterhin positiv und auf Wachstum gestellt. Das wird aber (erdgeschichtlich betrachtet) nicht mehr lange so bleiben, da die Topographie immer die Folge eines Spiels mit dem Gleichgewicht darstellt: Je höher eine Bergkette sich auftürmt, desto steiler sind ihre Hänge und desto größer ist wiederum die Erosionswirkung. Je höher also das Gebirge ist, desto stärker tendiert es dazu, wieder eingeebnet zu werden.

Mit einiger Wahrscheinlichkeit werden die Kräfte irgendwann nachlassen, die bislang die Erdplatten noch gegeneinanderschieben. Wenn das geschieht, werden Wind, Regen, Gletscher und Flüsse ihre Erosionswirkung ungestört entfalten können. Und genau das ist den Appalachen in den Vereinigten Staaten zugestoßen. Dieses uralte Gebirge ist im Greisenalter angelangt, seine Kanten wurden von der Erosion abgetragen und rundgerieben. Das Gleiche erleidet derzeit auch die Flinderskette in Australien, deren Gipfel sich vor unglaublichen 540 Millionen Jahren in die Höhe gereckt haben und seither von der Erosion auf ihre (alles in allem) bescheidene Höhe zurückgestutzt wurden. Ganz zu schweigen vom Antiatlas, einem marokkanischen Gebirgszug, der 300 Millionen Jahre auf dem Buckel hat und früher einmal noch höher als der Himalaja gewesen sein muss. Inzwischen macht auch ihm die Erosion schwer zu schaffen, und schon »bald« könnte er gänzlich eingeebnet und unter dem Flachland begraben sein.

Berge mit Charakter: Der Mont Pelé

Nicht alle Berge entstehen als Resultat unendlich langsamer Prozesse, während derer ganze Erdzeitalter vorübergehen. Vielmehr gibt es auch die sogenannten *Blitzberge* – also Berge, die gewissermaßen über Nacht entstanden sind. Der berühmteste dürfte der Mont Pelé sein, der sich auf der Insel Martinique in den Kleinen Antillen befindet und der auf eine, gelinde gesagt, dramatische Geschichte zurückblicken kann.

Im Jahr 1902 erwachte ein Vulkan auf Martinique aus

seinem Schlummer, als aus seinen Tiefen erstmals wieder heißes Magma empordrängte. Dieses Magma und die daraus entstehende Lava (der Begriff bezeichnet Magma, das an die Oberfläche gelangt ist und seine gasförmigen Bestandteile an die Atmosphäre abgegeben hat) wiesen eine sehr hohe Viskosität auf – es war also eine Art zäher, brodelnder Schaum, der dazu neigte, sich im Schlot des Vulkans anzusammeln und bereits dabei teilweise auszuhärten. Das kann man sich vorstellen wie bei einer verschlossenen Sektflasche: Schüttelt man sie, bildet sich unterhalb des Korkens Schaum, während in der gesamten Flasche der Druck immer größer wird. Derart zähes Magma kann den Flaschenhals des Vulkans wie ein Korken verschließen. Erst wenn der Druck hoch genug wird, schießt der Korken heraus, und es kommt zur Eruption, die äußerst gewaltig und explosiv vonstattengeht.

Manchmal jedoch bleibt der Korken stecken, und der Druck sucht sich einen anderen Weg. Bei dem berühmt-berüchtigten Ausbruch im Mai 1902 wurde ein überaus dichter Lavapfropf rund 300 Meter aus den Eingeweiden des Vulkans hinaufgedrückt, während eine Glutwolke sich ihren Weg durch die von Rissen durchzogene Flanke des Vulkans bahnte und anschließend zu Tal raste. Dieser beeindruckende Obelisk thronte nun über der verwüsteten Hafenstadt Saint Pierre wie ein Riese. Der neugeborene Mont Pelé reckte sich über dem Golf empor und stellte ein wahres geologisches Wunderwerk dar, brach allerdings im Laufe eines Jahres unter seinem Gewicht größtenteils zusammen.

Bei der Eruption 1902 wurde Saint Pierre vollkommen vernichtet. Mehr als 29 000 Menschen verloren ihr Leben. Die meisten von ihnen fielen der tödlichen Glutwolke zum Opfer, einem Phänomen, das Geologen einen *pyroklastischen Strom* nennen. Dabei handelt es sich um eine Mischung aus Gasen und Feststoffen, die wie eine glühende Lawine die Flanken des Vulkans hinabströmt (auch die Zerstörung Pompejis ist auf ein Phänomen dieser Art zurückzuführen). Mit unaufhaltsamer und fürchterlicher Macht überrollt und verbrennt eine solche Wolke aus heißer Asche und glühenden Gesteinsbrocken innerhalb weniger Minuten alles, was sich in ihrem Weg befindet.

Abbildung 12 – Der *Mont Pelé*, ein *Blitzberg*

⛺ DER ÄLTESTE BERG DER WELT

Das Konzept hinter der Suche nach dem ältesten Berg der Welt ist, kurz gesagt, folgendes: Obwohl das Gestein der Erde nicht nur steinalt ist, sondern geradezu uralt, sind die Berge selbst es nicht.

Betrachten wir zunächst das Gestein. Ab und an stoßen Geologen auf einen Kristall, der die Entstehung der Erdkruste um ein oder zwei Dutzend Jahrmillionen nach hinten verschiebt. Nach derzeitigem Stand ist das älteste Gestein vor rund 4,37 Milliarden Jahren entstanden, was uns ein Zirkon verraten hat, der in den Höhenlagen der australischen Jack Hills gefunden wurde – also in einem stabilen kontinentalen Bereich, der nicht durch Gebirgsbildungsprozesse oder Erdbeben in Mitleidenschaft gezogen wurde, sondern wo vielmehr geologisch eine angenehme Ruhe herrscht. Man hätte ihn übrigens auch gar nicht an anderer Stelle finden können, da Kristalle dieser Art – Zeugen einer urzeitlichen Kontinentalkruste – gewiss nicht in Gebirgszügen wie dem Himalaja oder den Anden gefunden werden können. Orogenetische, also gebirgsbildende Prozesse erzeugen nämlich enormen Druck und entsetzlich hohe Temperaturen, welche der Erdkruste eine gänzlich neue Form verleihen und dabei oftmals ältere geologische Merkmale auslöschen. Daher ist es nur folgerichtig, dass man das älteste Gestein in besonders stabilen Bereichen der Kontinentalplatten findet. Solche Gebiete befinden sich etwa in Australien, auf dem antarktischen Kontinent, in Kanada, in Grönland und in bestimmten Gegenden Sibiriens – in Gebieten also, die von den geologischen Schicksalsschlägen weitgehend unbehelligt geblieben sind, die im Laufe der Zeit die Erdkruste geprägt haben.

Solche urzeitlichen Kristalle beweisen außerdem, dass schon sehr früh in der Geschichte unseres Planeten eine urzeitliche Erdkruste entstanden sein muss. Denn die Erde ist etwa fünf Milliarden Jahre alt, weshalb ein 4,37 Milliarden Jahre alter Zirkon bezeugen kann, dass bereits relativ kurz nach der Entstehung des Planeten eine granitische Kontinentalkruste existierte, die der heutigen nicht unähnlich war.

Will man jedoch herausfinden, welcher Berg der älteste ist, wird die Sache gleich viel komplizierter. Da es nun einmal ihr Schicksal ist, mit der Zeit durch Erosion und die Einwirkung der Schwerkraft abgetragen zu werden, kann heute von den ältesten Gebirgszügen der Erde wenig mehr übrig sein als eine Spur, eine uralte Narbe in der Erdoberfläche – abgerundet, abgestumpft und abgezehrt, wie die Ruine eines antiken menschlichen Bauwerks. Die wohl älteste Bergkette der Welt liegt in den nördlichen Gebieten Kanadas, wo von ihr jedoch nur noch einige Hügel zu erkennen sind. Der sogenannte Acasta-Gneis, dem Geologen anhand radiometrischer Messungen das ehrwürdige Alter von 4,03 Milliarden Jahren zugesprochen haben. Die Gneisformationen von Acasta müssen dereinst aus massivem Granit bestanden haben, der im weiteren Verlauf ihrer Geschichte durch orogenetische Prozesse in metamorphes Gneisgestein verwandelt wurde. Entstanden wäre er demnach im *Hadaikum*, dem allerersten Kapitel der Erdgeschichte, zu einer Zeit, da unser Planet im Wandel war. Langsam entwickelte er sich von einem wimmelnden Chaos, das Tag und Nacht von Meteoriten bombardiert wurde, zu etwas, das unserer heutigen Erde schon viel ähnlicher sah. Inzwischen, nach Millionen von Jahren voller Umwälzungen und Erschütterungen, zeigt die Erdkruste von diesen Ereignissen jedoch nur noch die Narben, die von diesen Entstehungsprozessen der ersten Gebirgsformationen zurückgeblieben sind.

> ### Berge mit Charakter:
> ### Der Ayers Rock
>
> Die Geschichte des Ayers Rock – oder des Uluru, wie die Aborigines ihn nennen – handelt von Alterung und entschwindendem Material, das unter dem Zahn der Zeit erodierte. Sie hängt auch mit der Entstehung der sogenannten Olgas zusammen, auch Kata Tjuta genannt, einem weiteren wichtigen und nicht weit entfernten Ziel für Touristen. Der Ayers Rock ist wahrscheinlich das bekannteste und am häufigsten abgebildete Wahrzeichen des australischen Kontinents, dessen Geschichte wiederum vor etwa 600 Millionen Jahren beginnt. Zu jener Zeit verschmolzen mehrere kontinentale Platten und bildeten so den uns vertrauten Erdteil – was gewiss nicht so harmonisch verlief, wie es sich anhört. Die Kollision zwischen diesen Landmassen führte zu heftiger Reibung und gewaltigen Erschütterungen und trieb nicht zuletzt einen Gebirgszug aus dem Boden, der mindestens so hoch war wie die Alpen und von den Geologen auf den Namen Petermann Ranges getauft wurde. Dessen Berge wurden jedoch in relativ kurzer Zeit wieder von der Erosion abgetragen und zerstört, auch weil damals höchstwahrscheinlich noch kaum Bäume und Pflanzen auf ihnen wuchsen, die diese Prozesse hätten hinauszögern

können. Die so entstandenen Sedimente sammelten sich langsam in den umliegenden Becken an und wurden mit der Zeit zu schichtförmigen Sedimentgesteinen, aus denen der Uluru und die Kata Tjuta bestehen. Erneute Schübe der tektonischen Platten falteten dieses Gestein zusammen und führten zur Entstehung regelrechter Wellen aus Stein – ganz so wie ein Teppich sich wellt, der von zwei Seiten zusammengedrückt wird. Im Fall des Uluru wurden die horizontalen Gesteinsschichten sogar vollständig aufgerichtet, sodass noch heute die Schatten der Abendsonne die vertikale Stratifizierung offenbaren.

Wer das Glück hat, den Kontinent aus einem Flugzeug betrachten zu dürfen, wird die Narben dieser Verformungen erkennen können, wenngleich sie von der Erosion abgewetzt und eingeebnet wurden. Allerdings ist von jenem Gebirgszug nicht mehr viel übrig geblieben. Nach und nach werden auch die letzten Überreste der Petermann Ridges von der Erdoberfläche getilgt, denn die Erosion zerbröselt den Fels in winzige Sedimente, die vom Wasser fortgeschwemmt werden. Das ist eben jener Prozess, der auch zur Entstehung des Uluru und der Kata Tjuta geführt hat, doch auch deren Ende ist – erdgeschichtlich betrachtet – nicht mehr fern. Zwar sind diese Berge weit voneinander entfernt, im Untergrund jedoch sind sie miteinander verbunden: Sie gehören derselben Gesteinsformation an, die gefaltet, zersplittert und an die Erdoberfläche geschoben wurde, wo die Erosion sie langsam auflöst.

Abbildung 13 – Die *Olgas*

Abbildung 14 – Der *Ayers Rock*

◇◇◇

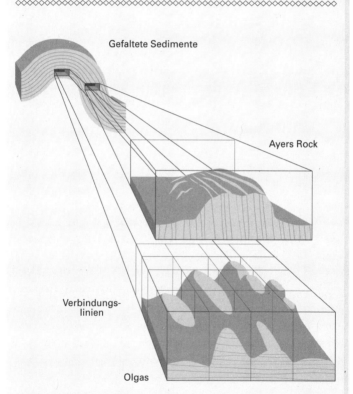

Abbildung 15 – Querschnitt durch das Sedimentgestein, zur Veranschaulichung der vertikalen (Ayers Rock) und horizontalen Schichtung (Olgas)

HOCH, HÖHER, AM HÖCHSTEN

DIE VERMESSUNG DER BERGE: GESTERN ...

Früher glaubte man, dass der höchste Berg jener sein müsse, aus dem der längste Fluss entsprang. Dieser Gedankengang weist durchaus eine gewisse ästhetische Logik auf, und beispielsweise in Italien war man daher lange der Meinung, der Monte Viso (oder Monviso), in dem das Quellgebiet des Po liegt, sei der höchste Berg der Alpen.

Eratosthenes (275–195 v. Chr.), ein Zeitgenosse des großen Archimedes, gehörte in Europa zu den Pionieren, die versuchten, die Höhe der Berge mit Hilfe geometrischer Methoden zu messen. In seinen Schriften ist die Vermessung eines unbekannten Berges überliefert, der nach heutigem Maß beinahe 1850 Meter hoch war. Die bevorzugten Hilfsmittel der Antike zur Berechnung waren Winkel und Entfernungen (kurz: Geometrie), der Schattenwurf von Stangen und weitere Techniken, die mit den Bewegungen der Himmelskörper zusammenhingen (kurz: Astronomie). Die ersten Gelehrten verwendeten astronomische und topographische Instrumente mit so hochtrabenden Namen wie *Gnomon*, *Astrolabium* oder *Dioptra*. In der Nachfolge Eratosthenes' stellten viele griechische Denker jahrhundertelang alles zu ihrer Zeit denkbar Mögliche an, um die Berge des Peloponnes und Makedoniens zu vermessen, wobei sie letztlich mit ihren Zahlen der Realität auch ziemlich nahekamen. Danach schien das Interesse an solchen Messmethoden allerdings abzuflauen, und bis ins 17. Jahrhundert sind allenfalls Ansätze von Messungen überliefert, die zu teilweise sehr phantasievollen Ergebnissen geführt haben. Für die Ausmessung und Abbildung der Formenvielfalt der Erde, der sogenannten *Geodäsie*, war das eine ereignislose Zeit, in der, was die Vermessung der Berge betrifft, keine großartigen Fortschritte verzeichnet wurden.

Irgendwann zwischen dem 17. und dem 18. Jahrhundert erkannten die Gelehrten allerdings, dass der Luftdruck der Schlüssel sein könnte, um die Frage nach der Höhe von Erhebungen der Erdoberfläche zu lösen. Denn der Luftdruck nimmt mit zunehmender Höhe ab, wie auch der Siedepunkt von Wasser, der wiederum vom Luftdruck abhängt – Eigenschaften, die man nutzen konnte, um die Berge präziser als je zuvor zu vermessen.

1786 konnte daher der Genfer Physiker Horace Benedict de Saussure einige Einheimische überzeugen, als erste Menschen den Gipfel des Montblanc zu erklimmen. Er selbst erreichte ihn 1787, unterstützt (oder besser: hochgehievt) von einer Schar derselben Einheimischen. Der Gelehrte vollbrachte so den ersten Aufstieg zu einem präzisen wissenschaftlichen Zweck und maß mit einem Barometer die Höhe des Gipfels. Sein Ergebnis war als das Erste seiner Art sogar relativ genau: Es lag nur 251 Meter unterhalb der tatsächlichen Höhe von 4810 Metern über dem Meeresspiegel.

Im Laufe des 19. Jahrhunderts wurden neue Messinstrumente erfunden, die immer genauere Ergebnisse lieferten. Die Verwendung der Trigonometrie für geographische Fragestellungen machte gewaltige Fortschritte, und so konnte man endlich den wichtigsten Gipfeln der Welt ihre genaue Höhe zuweisen. Eines der ersten Instrumente, mit denen man einen Berg ausmessen konnte, war der *Theodolit*, der bis ins 20. Jahrhundert verwendet wurde. Sein Prinzip funktioniert folgendermaßen: Kennt man die genaue Distanz zwischen dem eigenen Standpunkt und dem Gipfel eines Berges, lässt sich die Höhe des Gipfels ableiten aus dem Winkel zwischen der Horizontalen und dem Gipfel; verfügt man über ein ordentliches Messinstrument und richtet man es korrekt auf den Berg aus, lässt sich dieser Winkel leicht abmessen.

Wirklich erstaunlich ist die Präzision, mit der es den Geographen dank dieser Methode selbst aus einer Distanz von einigen Dutzend Kilometern gelungen ist, beispielsweise die Höhe des Mount Everest zu bestimmen. Die britischen Ingenieure hatten errechnet, dass der Berg 8840 Meter hoch sei, was nicht einmal zehn Meter unter dem heute mit Hilfe von GPS ermittelten tatsächlichen Wert liegt. Errechnet wurde die Höhe der Berge seit dem Beginn der Messungen im Verhältnis zum Meeresspiegel. Man kann sich also nur allzu gut vorstellen, wie die Pioniere des *Great Trigonometrical Survey* der British East India Company von den Küsten Indiens und Pakistans aufbrachen und ständig die Höhe von Referenzpunkten maßen, bis sie nach und nach auf ihrer langen Reise ein ganzes Netz von Messwerten zusammengetragen hatten. Dabei drangen sie immer weiter in den Kontinent vor, bis sie endlich zu den Ausläufern des Himalaja gelangten, um in die Täler des Gebirges vorzudringen, das Khumbu-Tal hinaufzusteigen und schließlich zu Füßen des Mount Everest zu stehen, am letzten Gipfel, der gleichzeitig der höchste ist, der je auf unserem Planeten gemessen wurde.

Berge mit Charakter: Das Matterhorn

Das Matterhorn ist gewiss kein unbekannter Berg, und auch seine Geschichte ist durchaus beeindruckend. Es handelt sich bei ihm nämlich um ein Stück Afrika, das sich auf den eurasischen Kontinent geschoben hat, nachdem sich die Tethys geschlossen hatte, jener urzeitliche Ozean, der früher zwischen den beiden Kontinenten lag. Die vor etwa 40 bis 50 Millionen Jahren einsetzende Kollision dieser tektonischen Platten hat diesen ganz speziellen Zipfel kontinentalen Gesteins erst zerquetscht und ihn anschließend mit Gesteinen des tethyschen Ozeanbodens bedeckt. Die letzten tausend Meter des Gipfels bestehen aus kristallinem Gestein (in diesem Fall Gneis) und sind somit älter, aber auch fester als der Sockel der Pyramide. Dieser besteht aus Gesteinen, die teilweise dem

Ozeanboden entstammen, teilweise der Eurasischen Kontinentalplatte.

Die typische Pyramidenform des Matterhorns verdankt sich der großen Erosionskraft des Eises, das, anders als das flüssige Wasser, ein Feststoff ist, der mit der Kraft einer riesigen Planierraupe schabt, abstumpft und gräbt. In den letzten drei Millionen Jahren sind die Alpen wiederholt von einem dicken Eisschild bedeckt worden, der jedes Mal seine Folgen hinterlassen hat. Wahrscheinlich sind jedoch einige Gipfel davon verschont geblieben, wie Inseln inmitten eines riesigen Eismeeres – ein Phänomen, das auch in der Antarktis oder in Grönland beobachtet werden kann. Gletscher schleifen die Berge gewissermaßen ab und höhlen die Bergflanken aus, bis sich eine Art Amphitheater bildet, das geologisch mit dem Fachbegriff *Kar* bezeichnet wird. Die Gipfel der Berge hingegen bleiben gewissermaßen vor den Schneidearbeiten des Gletschers verschont. Graben sich jedoch drei oder mehr Gletscher in unterschiedlichen Richtungen in die Flanken eines Berges, nimmt dieser die Form einer Pyramide an (bzw. die eines Horns, wie es sich denn auch in der Endung ihrer Namen niederschlägt, beispielsweise Matterhorn, Weisshorn oder Aletschhorn). Von den Gletschern selbst ist heute fast nichts mehr erhalten, einzig die über lange Zeiträume in den Fels geschliffenen Kare sind noch geblieben. In Bezug auf das Matterhorn muss man auch bedenken, dass die obersten tausend Meter seiner Felspyramide aus afrikanischem Stein härter sind als das tiefer gelegene Gestein. Daher hat auf den unteren Etagen die Erosion der Gletscher leichteres Spiel gehabt und die Gestalt des Berges noch markanter gemacht.

... UND HEUTE

Eine recht simple Methode, um die Höhe eines Berges herauszufinden, wäre es, bei der Besteigung seines Gipfels einfach einen Höhenmesser mitzunehmen. Das ist eine Art Barometer, das jedoch dem gemessenen Luftdruck auch gleich eine Höhe zuweist.

Der Luftdruck nimmt bei steigender Höhe ganz gleichmäßig ab, und wenn man den Höhenmesser auf eine bekannte Höhe einstellt (wie beispielsweise die Seilbahnstation), wird der am Ende unserer Klettertour auf dem Gipfel gemessene Luftdruck proportional zur bis dort zurückgelegten Höhe sein. Einfacher geht es wirklich kaum, vorausgesetzt, man erreicht die Spitze des Berges in überschaubarer Zeit. Der Höhenmesser, auch *Altimeter* genannt, springt nämlich auf die Luftdruckveränderungen der Atmosphäre an. Dauert der Aufstieg zu lang, kann mit einem Wetterwechsel auch der Luftdruck umschlagen, und dann ist die Höhenanzeige des Geräts zu nichts mehr zu gebrauchen.

Sollte man sich also besser auf die GPS-Technik verlassen, der eine heraufziehende Schlechtwetterfront nicht so leicht etwas anhaben kann? GPS steht für Global Positioning System, und fast jeder von uns nutzt es inzwischen, wenn er mit dem Auto oder auch nur mit dem Handy unterwegs ist. Es misst, wie lange bestimmte Radiosignale, die von einer ganzen Konstellation von Satelliten ausgesandt werden, benötigen, bis sie auf einem Gerät ankommen, was uns verrät, wie hoch der Ort liegt, an dem wir uns befinden und wie seine genauen geographischen Koordinaten lauten.

Auf einem Berggipfel verrät einem ein GPS-Gerät also dessen genaue Höhe, obwohl schon wieder finstere Wolken im Anmarsch sind, die einen druckbasierten Höhenmesser durcheinanderbringen würden. Dabei sollte man jedoch Folgendes bedenken: Ist der Luftdruck recht stabil und nach zwei Tagen schönen Wetters für die kommenden Tage kein Umschwung angekündigt, so sind moderne Höhenmeter für Wanderer präziser als GPS. Ein Altimeter gibt die Höhe auf fünf Meter genau an, während der Wert des GPS um bis zu zehn Meter abweichen kann.

Gerade für präzise Höhenbestimmungen wird daher heutzutage ein sogenanntes GPS mit Differenzialsignal (kurz: DGPS) verwendet, das über Korrekturverfahren eine Genauigkeit im Zentimeterbereich garantiert, manchmal sogar auf den Millimeter genau sein kann. Die Technologie sieht vor, dass ein zusätzliches GPS-Gerät verwendet wird, dessen Position exakt bekannt ist (mit Angaben zu Längengrad, Breitengrad und Höhe) und das daher als Vergleichspunkt dient, wie ein Leuchtfeuer in der Nacht. Die Informationen dieses Geräts werden verwendet, um die Daten des GPS-Empfängers zu korrigieren, der den Gipfel vermessen soll. Ganz so wie das erste GPS, misst das Vergleichsgerät die fast, aber eben nicht ganz genauen Daten der Satelliten. Da es allerdings die eigene Position genauestens kennt, kann es daraus die Abweichung des tragbaren Geräts errechnen und korrigieren.

Neben Instrumenten dieser Art kann man auch auf Luftbilder oder Satelliten zurückgreifen, um Messungen vorzunehmen. Der augenscheinlichen Unverrückbarkeit und ihrem massiven Ausse-

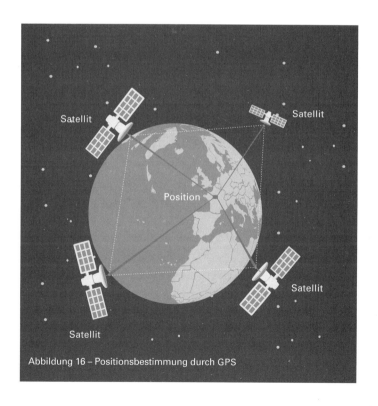

Abbildung 16 – Positionsbestimmung durch GPS

hen zum Trotz ist auch heute noch die Höhe der Berge oftmals Gegenstand erbitterter Diskussionen. Nehmen wir einmal den Montblanc als Beispiel. Berechnet man seine Höhe ausgehend von seinem schneebedeckten Gipfel, also jenem Teil, auf dem Bergsteiger mit ihren Winterstiefeln herumstapfen? Oder sollte man das Maßband nicht besser an der steinernen Spitze ansetzen, die nicht abtauen oder im Schneesturm anwachsen kann und die sich zwei Meter unter der weißen Kuppe befindet? Heute werden Schnee und Eis meistens in die Berechnung miteinbezogen, doch gibt es auch nach wie vor viele Verfechter der Meinung, dass man nur das tatsächliche Gestein messen darf. Aber bei Höhen von mehreren Tausend Metern sind die Ergebnisse ohnehin nur einen Steinwurf voneinander entfernt.

DIE BERGE VON INNEN

DER STOFF,
AUS DEM DIE BERGE SIND

DER KREISLAUF DER GESTEINE

Berge bestehen aus festem Gestein. Zwar haben sie ein langes Leben, doch währt es nicht ewig, da eine ganze Reihe von Einflüssen wie Wind, Regen, Eis und selbst Temperaturschwankungen und die Biosphäre dazu beitragen, sie Stück für Stück auseinanderzunehmen. Ihre Einzelteile werden in Form von Sedimenten (Schluff, Sand oder Kies) wieder in die Täler oder ins Meer zurückgetragen. Das Schicksal eines Berges ist folglich an das Gestein gebunden, aus dem er sich zusammensetzt. Sein Ende aber führt möglicherweise auch zu einer Wiedergeburt, denn aus den Sedimenten kann wieder Gestein werden, das sich mit etwas Glück erneut in Form eines Berges erhebt.

Das Gestein, aus dem Berge bestehen, ist Teil eines geologischen Kreislaufs. Ausgehend vom Magma, also geschmolzenem Gestein, bilden sich zunächst die sogenannten *magmatischen Gesteine*. Zu diesen gehören beispielsweise Basalt, der vulkanischen Ursprungs ist und den die Geologen zu den *Effusiv-* oder *Ergussgesteinen* zählen, sowie Granit, der hingegen entsteht, wenn Magma bereits im Inneren der Erdkruste erstarrt, und der daher zu den *Intrusivgesteinen* gehört. Gelangen sie erst einmal an die Oberfläche, werden sowohl die Effusivgesteine (oder *Vulkanite*, da sie das Ergebnis der Erhärtung vulkanischer Lava sind) als auch die Intrusivgesteine (oder *Plutonite*, da sie aus einem tektonischen Ereignis wie etwa der Geburt eines Gebirges entstehen) von atmosphärischen Einflüssen zerkleinert und landen schließlich in Form von Sedimenten in Meeren und Seen. An diesem Punkt gibt es, was die Zukunft des Gesteins betrifft, drei Möglichkeiten: Es könnte ihnen ein zweites Leben als *Sedimentgestein* beschieden sein – man denke beispielsweise an den Sandstein –, da Sand und Kies sich wiederum verfestigen und neues Gestein bilden können. Das wäre jedoch noch nicht das Ende ihres Kreislaufs, da jede dieser drei Gesteinsarten genauso gut ins Innere der Erde zurückkehren könnte, um in der Lithosphäre aufzugehen. Die dort vorherrschenden unvorstellbar hohen Temperaturen und Druckverhältnisse wären in der Lage, sie erneut einzuschmelzen und sie somit in ihren ursprünglichen Zustand als Magma zurückzuversetzen. Oder aber sie würden in die dritte der großen Gesteinsgruppen verwandelt, aus denen sich die Erdkruste zusammensetzt, die *metamorphen*

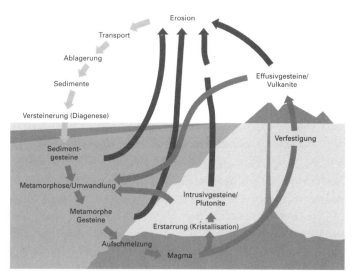

Abbildung 1 – Der Kreislauf der Gesteine

Gesteine. Das heißt, sie könnten zerdrückt, erhitzt (aber nicht eingeschmolzen) und schließlich bis zur Unkenntlichkeit verformt werden. Magmatische Gesteine können sich am Ende des Prozesses so sehr von ihrem Ursprungsgestein unterscheiden, dass sie sich aus gänzlich neuen Mineralen zusammensetzen, wenngleich sie zumindest chemisch betrachtet auseinander hervorgegangen sind.

AUS FEUER GEBOREN: MAGMATISCHES GESTEIN

Versuchen wir uns einmal große Magmablasen vorzustellen, die langsam aus dem Innersten der Erde aufsteigen und sich ihren Weg in deren Mantel bahnen. Nachdem sie in die Erdkruste eingedrungen sind (daher der Name *Intrusivgestein*) und sich in einer Kluft oder Spalte festgesetzt haben, kühlen sie langsam ab. Da hier von Magma die Rede ist, dessen Temperatur sich zwischen 650 und 1200 °C bewegt, kann dieser Prozess Jahrtausende benötigen. Einige Gebirge bestehen aus einer ganzen Reihe solcher magmatischer Intrusionen, die sich mit der Zeit umeinander-, aufeinander- oder ineinandergeschoben haben. Während nach und nach das Magma abkühlt, entstehen unterschiedliche Minerale. Die gewaltigen und, wie ihr Name schon sagt, turmartigen Torres del Paine in Patagonien etwa bestehen aus hartem Granitgestein und sind das Ergebnis mehrerer Intrusionen, die sich im Laufe von teils 90 000 und teils 40 000 Jahren im Herzen der Anden ereignet und anschließend zu diesen eindrucksvollen Monolithen erhoben haben.

Wenn das Magma dann »seine Ruhe hat«, es gut isoliert im Inneren der Erdkruste liegt und die Intrusion sehr groß ist, sich also über Kilometer erstreckt, kann es sogar eine Million Jahre oder länger dauern, bis es erkaltet. Bei bescheideneren Intrusionen, zumal in größerer Nähe zur Oberfläche, reduziert sich diese Zeit auf

Jahrtausende. Noch kleinere Intrusionen, die nur ein paar Hundert Meter messen, kühlen in etwa 200 bis 300 Jahren ab. Der Zeitfaktor spielt bei der Entstehung solcher Gesteine eine grundlegende Rolle, da sich nur durch ein langsames Erkalten gleichmäßige Kristalle bilden können, die man oft auch mit dem bloßen Auge erkennt. Knapp zusammengefasst lässt sich die Kristallbildung also folgendermaßen beschreiben: Eine längere Zeit entspricht schönen und gleichmäßigen Kristallen; eine kürzere kleinen Kristallen, wie dem Glas, das amorph ist und nach entsprechend kurzen Abkühlungszeiten entsteht.

Findet das Magma, das in die Erdkruste eindringt, jedoch einen Weg an die Erdoberfläche, sieht die Sache ganz anders aus. Es kommt zur Eruption, die im Magma enthaltenen Gase werden rasch an die Atmosphäre abgegeben, und die Kristallisation erfolgt praktisch sofort. Ein solch schnelles Erkalten in Kontakt mit der Atmosphäre verhindert, dass die Atome sich in hübschen, geordneten Strukturen anordnen und Kristalle ausbilden. Auf diese Weise entstandene Gesteine können zwar von der Zusammensetzung her große Ähnlichkeit zu Intrusivgesteinen haben, bilden jedoch den Ausgangspunkt für Effusivgesteine. Ihre Struktur ist eher glasig, wie beispielsweise bei Obsidian, und mit bloßem Auge kann man die einzelnen Kristalle nicht erkennen. Manchmal aber kommt es vor, dass während des Aufstiegs oder der Erstarrung des Magmas entstandene Kristalle noch immer im Effusivgestein erhalten sind und in einer glasigen Masse liegen, wie Rosinen im Kuchenteig.

GESTEINE AUS ZWEITER HAND: SEDIMENTGESTEIN

Früher oder später wird Gestein erodiert und abgetragen. Nicht nur die Schwerkraft zieht es nach unten, auch andere natürliche Einflüsse sorgen dafür, dass das Material von den Hängen oder den Felsgipfeln bis zum tiefsten erreichbaren Punkt transportiert wird. Am weitesten verbreitet dürfte darunter das Wasser im flüssigen Zustand sein, das in Form von Regen, Bächen und Flüssen bewirkt, dass Felsbrocken, Kies und Sand aus den Bergen abtransportiert werden. Wind und Eis allerdings leisten auch ihren Anteil. Irgendwann laden sie die Sedimente ab, wodurch Flussdeltas entstehen und Seen und Meere zugeschüttet werden. Bleiben die Sedimente über einen ausreichend langen Zeitraum ungestört und liegen zudem einige bestimmte chemische und physikalische Umstände vor, dann kann aus Kies, Sand, Lehm und Ton Gestein werden. Festes Gestein, wohlgemerkt, weil es von einem Material zementiert wird, das in die Porenräume der Sedimente gelangt und die einzelnen Körner in einem Prozess miteinander verschweißt, der der Herstellung von Mörtel nicht unähnlich ist. Manchmal ist das so entstandene Gestein beinahe genauso fest wie der Granit oder das Ursprungsgestein, von dem die Sedimente Dutzende oder Hunderte Kilometer höher abgetragen wurden.

Ein besonderes Merkmal solcher Gesteine ist die oft auftretende Schichtbildung. Die Sedimente lagern sich aufeinander ab, wie die Seiten in einem Heft, und die daraus entstehenden Gesteine behalten diese ursprüngliche Schichtung bei. In bestimmten Fällen bleiben auch besondere Formen erhalten, die charakteristisch sind für die Umgebung, in denen das Gestein entstanden ist. Ein Beispiel? Nicht selten findet man in Gestein, das aus dem feinen Sand breiter Strände entstanden ist, jene typischen Wellenbögen wieder, die von den Gezeiten in den Sand gegraben wurden. Für Geologen stellt so etwas einen wertvollen Hinweis dar, weil es bedeuten kann, dass dort, wo sich heute auf einem Berg ein malerisches Mittelalterstädtchen mit gemütlichen Cafés und verträumten Pensionen erhebt, vor langer Zeit einmal ein Strand war. Die Wellenstruktur zeigt darüber hinaus die Richtung der Strömung an und kann somit über die Lage des Festlands im Verhältnis zum antiken Meer Aufschluss geben. Nach einer eingehenderen Untersuchung können Geologen einem verraten, dass dort, wo man gerade einen Cappuccino genießt, einmal das Meer wogte, dass der

Strand sich etwas weiter Richtung Stadtzentrum befand oder wie die Strömungen verliefen.

Sogar noch mehr lässt sich feststellen, wenn der betreffende Geologe im Inneren des Gesteins auch noch auf Fossilien gestoßen sein sollte. Denn ein weiteres Merkmal von Sedimentgestein sind oft fossile Reste, die darin erhalten geblieben sind. Das soll natürlich nicht heißen, dass alle Sedimentgesteine Fossilien enthalten, aber man darf auf keinen Fall erwarten, in magmatischen oder metamorphen Gesteinen darauf zu stoßen.

NIEDERGESCHLAGENES GESTEIN

Nein, damit sind nicht traurige Steine gemeint. Niederschlag, Ausfällung oder Präzipitation bezeichnet in der Chemie das Trennen eines Feststoffs von der flüssigen Lösung, in der er enthalten ist. Dies geschieht infolge einer Veränderung der Umwelteinflüsse, beispielsweise durch Verdunstung.

Ein Beispiel, um das Prinzip zu verdeutlichen: Nehmen wir einmal Meerwasser und das darin enthaltene Salz (Natriumchlorid). Füllen wir ein Glas mit Meerwasser und stellen wir es in die Sonne, werden wir sehen, dass das Wasser verdunstet. An einem gewissen Punkt kommt es dazu, dass das Wasser mit Natriumchlorid gesättigt ist, da die Flüssigkeit an verdunstetem H_2O verloren hat, nicht jedoch an Natriumchlorid. Sobald die maximale Sättigung erreicht ist, beginnt die Ausfällung des Salzes. Es bildet hübsche Salzkristalle, und wenn das H_2O vollständig verdunstet ist, bleibt auf dem Boden des Glases eine feine Schicht Sedimentgestein chemischen Ursprungs zurück. So haben wir ganz einfach Gestein, wenn auch ziemlich krümeliges, im Glas hergestellt.

In einer chemischen Lösung können neben Natriumchlorid auch Gips, Quarz oder Calcit ausgefällt werden, und viele weitere Minerale können auf die gleiche Weise entstehen. Gesteine aus dieser Familie werden *Evaporite* genannt, und man sollte ihre Bedeutung nicht unterschätzen, da sie bei weitem nicht nur dünne Salzfilme in Gläsern oder lästige Ablagerungen in der Dusche ausbilden. Vor etwa sechs Millionen Jahren wurde das Mittelmeer vom Atlantik getrennt. Das Wasser verdunstete rasch (innerhalb weniger Jahrtausende), und große Teile des ehemaligen Meeres verwandelten sich in eine gewaltige Salzwüste. Diese sogenannte *Messinische Salinitätskrise* stellte eine regelrechte geologische Katastrophe dar und führte zur Bildung von Flächen aus Evaporiten (hauptsächlich aus Steinsalz und Gips), die stellenweise eine Dicke von zwei Kilometern erreichten. Als die Straße von Gibraltar sich wieder öffnete, wurde dieses Gestein unter marinen Sedimenten begraben. Heute finden sich Ausläufer davon noch längs der italienischen Halbinsel und in Libyen sowie im Mittelmeerbecken unter einer massiven Decke mariner Sedimente.

NATÜRLICHES RECYCLING: METAMORPHES GESTEIN

Nehmen wir einen Felsbrocken magmatischen oder sedimentären Ursprungs zur Hand und versuchen, ihn zu zerdrücken, geschieht gar nichts, nicht wahr? Sollte der Brocken jedoch in einem Abschnitt der Lithosphäre landen, der zwischen zwei aufeinanderprallenden Kontinenten zerquetscht wird, so kann er in die Tiefe hinabgedrückt werden. Hier wird er erhitzt, komprimiert und faszinierenden strukturellen und chemischen Veränderungen unterworfen, die sich in den Mineralen abspielen, aus denen er sich zusammensetzt. In deren Folge entstehen neue Minerale, die auf bestimmte Temperaturen und Druckverhältnisse rückschließen lassen. Das Erscheinungsbild dieses Gesteins wird dabei vollkommen umgekrempelt, und einzig eine genaue Untersuchung seiner mineralischen Zusammensetzung sowie seiner charakteristischen Strukturen gestattet es einem Geologen festzustellen, aus welchem Ursprungsgestein es entstanden sein mag.

Zur Familie der Gesteine, die eine solche Umwandlung durchlaufen haben, gehört etwa der Marmor in seinen verschiedenen Spielarten. Ursprünglich ist er aus Kalkstein entstanden, was man ihm jedoch nicht mehr ansieht. Der vielleicht berühmteste Marmor stammt aus Carrara in den Apuanischen Alpen der Toskana. Man findet ihn beispielsweise in der großen Basilika des Petersdoms im Vatikan – insbesondere in Michelangelos gefeierter Statue der Pietà, dem ersten Kunstwerk, das der Bildhauer aus diesem bemerkenswerten Stein geschaffen hat.

Leonardos Irrtum über das Innenleben der Berge

Es ist gar nicht so leicht, Leonardo da Vinci (1452–1519) aus einem wissenschaftlichen Text – ganz gleich welchen Inhalts – herauszuhalten. Er war mit einer Beobachtungsgabe gesegnet, die man heute nur noch äußerst selten antrifft, und hinterfragte jede Art von natürlichem Phänomen. Mit den Antworten, die er auf die Fragen fand, die ihn zeitlebens umtrieben, lag er aber manchmal auch meilenweit daneben. Unter anderem rätselte er über den Ursprung von Gebirgsquellen: Woher kam wohl all das Wasser, das ohne Unterlass aus dem Boden hervorsprudelte? Seine Antwort, die einer gewissen Logik durchaus nicht entbehrte, war folgende: Die Erde ist ein Block aus Gestein und Erde, der bis in sein Innerstes von Adern durchzogen wird, in denen das Blut der Erde rinnt – das Wasser. Dasselbe Wasser ist, nach Ansicht Leonardos, auch in den Meeren zu finden und zeichnet sich durch seine ununterbrochene Aktivität aus. Es ist eine dynamische und lebhafte Flüssigkeit, die selbst bis in die Eingeweide eines Gebirgsmassivs emporsteigen kann und von einem dichten Adernetzwerk bis in die höchsten Gipfel transportiert wird, ganz wie im menschlichen Körper. Diese Vorstellung war gewiss sehr schön, ja sogar poetisch, für Leonardo hatte sie jedoch durch und durch wissenschaftlichen Wert, weshalb er sie nicht nur in seine heute als *Codex Leicester* bekannten Schriften aufnahm – ein Werk, in dem es sogar

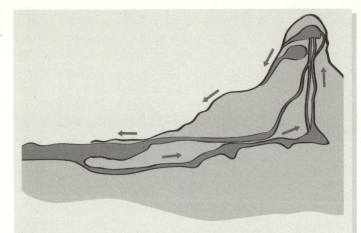

Abbildung 2 – Der Ursprung von Gebirgsquellen nach Leonardo

vorrangig um die Natur, die Eigenschaften und die Bewegung des Wassers geht –, sondern sie darin auch mehrfach vehement wiederholte. So poetisch sie auch war, fügte sich diese Theorie doch nahtlos in seine Vorstellung einer runden und keinesfalls flachen Weltkugel ein, von der hingegen die Mehrzahl seiner Zeitgenossen überzeugt war. An diesem Beispiel zeigt sich also wieder einmal, dass Leonardo, dieser große Denker und Naturforscher, seiner Zeit meilenweit voraus war – selbst wenn er sich irrte.

KORALLENKONSTRUKTE UND BERNSTEINGESCHICHTEN

TIERISCHE BAUMEISTER: BIOGENES GESTEIN

Wir Menschen neigen dazu, in Gemeinschaften zu leben, Schulter an Schulter. Wir errichten Mehrfamilienhäuser, ganze Stadtviertel und sogar gewaltige Metropolen, in denen wir gemeinsam wohnen. Mit diesem Verhalten sind wir nicht allein, vielmehr handhaben es viele Tiere ganz genauso. Hier beschränken wir uns jedoch auf eine Betrachtung der Korallen, genauer gesagt der Korallen des Great Barrier Reef in Australien und der Korallenriffe der Malediven.

Korallenriffe sind im Grunde Millionenstädte, die von Korallen angelegt werden. Diese Meeresbewohner konstruieren sich eine Art externes Skelett (also ein *Exoskelett*) aus Calciumcarbonat, das ihnen als Behausung dient und sie gleichzeitig vor dem Wellengang schützt. Diese Organismen bevölkern die tropischen Meere, und ihr idealer mariner Lebensraum ist *warm* (mit Temperaturen zwischen 20 und 28 °C), *sauerstoffreich* (der größte Teil der Korallenarten siedelt sich bevorzugt in einer Tiefe von wenigen Dutzend Metern an, wo der Wellengang eine ausreichende Versorgung mit Sauerstoff und Nährstoffen gewährleistet) und *klar* (damit bestimmte Algenarten, mit denen sie in Symbiose leben, ausreichend Sonnenlicht erhalten können). Man könnte sie als Weltmeister der Baubiologie bezeichnen, denn für die Errichtung ihrer eindrucksvollen Riffe benötigen sie nichts weiter als im Meer gelöstes Calcium, das sie an ihrem Skelett befestigen. Korallenriffe bewahren die Vorgeschichte der Korallen, denn die lebenden Kolonien errichten ihre Unterwasserstädte auf den Gerippen der vorangegangenen Generationen.

In den vergangenen Erdzeitaltern waren die Ozeane von immensen Korallenriffen bevölkert, aus denen später der wohlbekannte *Kalkstein* entstanden ist. Hierzu gehört jedoch nicht nur der Kalkstein im engeren Sinne, sondern auch der Dolomit, die sich dadurch unterscheiden, dass Ersterer aus Calciumcarbonat besteht und Letzterer aus einem Gemisch aus Calcium- und Magnesiumcarbonat.

Diese Gesteinsart findet man beispielsweise in den Dolomiten: uralten und gewaltigen Korallenriffen, die zu Stein wurden und sich mit der Entstehung der Alpen erhoben haben, bis sie ihre heutige Lage erreichten. Der sogenannte Hauptdolomit ist eine Gesteinseinheit, aus dem etwa die Drei Zinnen von Lavaredo, der Civetta und der Monte Cristallo bestehen, also einige der bekanntesten Gipfel der Dolomiten. Die Dolomiten selbst, wie auch das Gestein, aus dem sie bestehen, verdanken ihren Namen dem französischen Geologen Deodat de Dolmieu (1750–1801), der sich als Erster dem Studium dieser Berge widmete, ihre wichtigsten Merkmale beschrieb und die chemische Zusammensetzung des Hauptminerals offenbarte, aus dem sie aufgebaut sind.

Dank ihm wissen wir, wie ursprünglich von tropischem Meer bedeckte Korallenatolle zu einem der beliebtesten Ziele für Bergsteiger und Alpinsportler wurden.

SEEIGEL IN CORTINA?

Cortina d'Ampezzo, eines der bekanntesten Ziele für den europäischen Tourismus in den Dolomiten, zeichnet sich besonders durch steile Felskliffe aus, zu deren Füßen sich Nadelwälder erstrecken:

ein Gebirge wie aus dem Bilderbuch. Vor rund 230 Millionen Jahren waren diese aufragenden Felswände jedoch noch Korallenriffe in einem sanften tropischen Meer, aus dem sich vereinzelte Inselchen erhoben. Dieser urzeitliche Ozean ist heute unter dem Namen Tethys bekannt und stellte ein gewaltiges Gewässer voller Leben dar, das an Artenreichtum den heutigen tropischen Meeren in nichts nachstand und sie vielleicht sogar noch übertraf. Die Überreste einiger abgestorbener Lebewesen (hauptsächlich deren harte Bestandteile, wie etwa die Knochen von Wirbeltieren oder die Muschelschalen und Korallenriffe von wirbellosen Organismen) lagerten sich im schlammigen Grund von Golfen und Buchten ab und wurden später unter weiteren Sedimenten begraben. Mit der Zeit wurden diese Überreste im Wasserkreislauf aufgelöst und durch neue Minerale ersetzt (in den meisten Fällen Calcit), die jedoch ihre ursprüngliche Form bewahrten, während die Sedimente zu Stein verhärteten.

Doch zurück zu den Dolomiten, genauer gesagt nach Cortina. Millionen Jahre nachdem sie sich abgelagert hatten und zu Stein geworden waren, wurden Sedimente durch die Erhebung der Alpen an die Oberfläche transportiert. Von da an waren sie der geballten Kraft der atmosphärischen Erosion ausgesetzt, die selbst in 2000 Metern Höhe noch die fossilen Überreste von Tieren freigelegt hat, die vor Hunderten Jahrmillionen gestorben sind: Seeigel, Schwämme, Weichtiere, Schnecken und sogar Algen. Wer kann schon sagen, wie viele andere Fossilien und bislang unbekannte Arten sich noch in den Dolomiten verbergen!

Es sind jedoch nicht nur die harten, knochenartigen Teile, die in fossiler Form erhalten bleiben können. Für Paläontologen – also jene Forscher, die sich mit den Lebensformen der Vergangenheit beschäftigen – ist der Fußabdruck eines Triceratops oder auch schlicht der eines urzeitlichen Vogels ein interessanter fossiler Fund. Seltener bleiben hingegen weiche Bestandteile erhalten, wie etwa die Haut. Auch Insekten bleiben kaum erhalten, da sie so empfindlich und vergänglich sind, dass sie nach ihrem Tod schnell verwesen.

Wie immer in der Natur, gibt es jedoch auch hier Ausnahmen. Darunter fällt beispielsweise der Bernstein, den man bis heute im Umland von Cortina d'Ampezzo finden kann.

Alles nahm seinen Anfang vor etwa 220 Millionen Jahren, als der Meeresspiegel sank und den Korallen und ihren biogenen Bauwerken ein Ende setzte. Einige Bereiche dieser Gegend ragten aus dem Wasser heraus und wurden von Farnen und Nadelbäumen besiedelt, die teilweise sehr große Dimensionen erreichten, während entlang der Küsten Mangrovenwälder entstanden. Im Harz dieser Nadelbäume blieben zahllose Insekten und sogar Bakterien stecken. Erst vor wenigen Jahren wurden – eingeschlossen in Bernstein – die ältesten bislang bekannten Überreste von Mücken und Milben entdeckt. Funde dieser Art sind jedoch sehr selten, und man muss dazu sagen, dass der Fund der beiden Mücken und der Milbe, auf die man in diesem Gebiet gestoßen ist, das Resultat von sechs Jahren Arbeit darstellt, während derer ein internationales Forscherteam 70 000 Bernsteintropfen untersuchte.

Leonardos Wissen über Fossilien

Uns ist Leonardo da Vinci vor allem durch seine Gemälde ein Begriff oder aufgrund seiner bizarren Erfindungen, die teilweise wie die Vorläufer moderner Technologien wirken. Man kann ihn aber auch als einen der ersten Paläontologen oder Geologen der Geschichte betrachten. Wenn er also gerade nicht mit den Entwürfen für einen Helikopter beschäftigt war, grübelte er über den Ursprung der Berge nach und fragte sich, was es wohl mit den seltsamen Fragmenten von Meeresbewohnern auf sich haben mochte, die man zu Füßen und entlang der Felswände der Gebirge gefunden hatte. Leonardo hatte bereits geahnt, dass das Gestein eine Folge der Erosion der Berge sein könnte, worauf zunächst die Sedimentation und dann die Lithifizierung, also die Verwandlung von Sedimenten in festes Gestein, folgten, bis sich daraus schließlich neue Berge erhoben. Er hatte, kurz gesagt, das Prinzip des Kreislaufs der

Gesteine erfasst. Für seine Zeitgenossen war das etwas Unvorstellbares, da sie noch fest an eine göttliche Schöpfung glaubten, die unverändert fortbestehen würde – zumindest bis zum Tag des Jüngsten Gerichts.

Leonardo fiel auf, dass Gestein in Schichten aufgebaut ist (oder, genauer gesagt, dass das auf all das schöne Sedimentgestein zutrifft, das man am Apennin und auf den Flanken der Alpen finden kann). Fossilien stellten für einige schlicht die Folge der Sintflut dar, wenn nicht sogar deren unumstößlichen Beweis. Andere hingegen hielten sie für merkwürdige Gesteinsformationen, die unmittelbar im Fels entstanden waren (eine bestimmte Art steinerner Seeigel also?). Leonardo fand die Vorstellung einer unermesslichen Regenkatastrophe wenig überzeugend, da er nicht anders konnte, als sich zu fragen, wohin das ganze Wasser anschließend abgeflossen sein sollte. Das mag ein guter Einwand gewesen sein, doch er ließ dabei für seine Gegner ein entscheidendes Detail außer Acht: Ein göttliches Wunder musste sich nicht unbedingt den Regeln der Physik unterordnen. Für ihn jedenfalls stand die Lösung des Rätsels bald fest: Die aufgefundenen Überreste von Meeresorganismen mussten begraben worden sein, *bevor* sich die Gebirge erhoben hatten, und, so schrieb er, »man muss davon ausgehen, dass wo heute Land ist, früher einmal Meer war«. Außerdem war es doch möglich, dass sie nicht von einer einzigen, sondern von vielen aufeinanderfolgenden Überflutungen begraben worden waren, denselben, die andernorts das Gestein zersetzt und abgetragen hatten. Leonardo hatte also begriffen, dass die Zeiträume der biblischen Schöpfungsgeschichte nicht mit jenen übereinstimmten, die in der Natur nötig waren, um die in ihr beschriebenen Prozesse zu erklären. Leider verfasste er seine Theorien aber, wie wir heute wissen, zu einem Zeitpunkt, zu dem die Welt noch weit davon entfernt war, sie zu begreifen.

BERGE MIT LOCH:
KARST

Man kann ein Gebirge auf zwei Arten näher kennenlernen: entweder, indem man seine Hänge, Felswände und Gipfel erkundet, oder aber, indem man aufdeckt, was sich in seinem Inneren verbirgt. Betritt man beispielsweise eine Höhle, lassen sich beeindruckende Formationen von Stalakmiten und Stalaktiten bestaunen. Dabei kann man durchaus behaupten, dass wir die Oberfläche der Gebirge heutzutage kennen, die überaus komplexen Höhlensysteme, die ganze Gebirgsmassive durchziehen, jedoch größtenteils unbekannt sind, weil nur ein kleiner Teil bisher erforscht wurde.

Der chemische Lösungsprozess, der für die Entstehung des Großteils solcher Höhlen verantwortlich ist, wird Verkarstung genannt und betrifft hauptsächlich Gesteine wie Kalkstein oder Dolomit. Kohlendioxid löst sich im Wasser, erhöht dessen Säuregrad leicht und macht es »aggressiver« – es entsteht Kohlensäure. So kann es Gestein mit einem sehr hohen Calcitgehalt (Calciumcarbonat) besser zersetzen. Das Gestein wird also aufgelöst, wodurch sich wiederum Calciumhydrogencarbonat (besser bekannt als Calciumbicarbonat) im Wasser anreichert. Dieses wird schließlich im Wasser abtransportiert und setzt sich später wieder als Calciumcarbonat ab, wodurch Stalaktiten (von oben nach unten), Stalakmiten (von unten nach oben), dicke Travertinschichten oder jene schrecklichen Ablagerungen entstehen, die unsere Dusche belegen. Je aggressiver das Wasser ist, desto größer ist auch der Wirkungsgrad des Korrosionsprozesses, welcher wiederum eng mit der Temperatur und dem Anteil an gelöstem Kohlendioxid zusammenhängt.

Es kann ganz unschuldig mit dem Versickern von Wasser in mikroskopisch kleinen Rissen beginnen, doch, wie schon Seneca wusste, der stete Tropfen höhlt den Stein (oder, wie im Falle der Verkarstung, zerfrisst ihn). Über einen Zeitraum von 10 000 Jahren kann dieser Prozess einen kilometerlangen Gang in den Felsen treiben, dessen Durchmesser ausreicht, um einem abenteuerlustigen Höhlenforscher die Erkundung zu ermöglichen.

Karstlandschaften sind faszinierend und sehr leicht zu erkennen. Man findet jedoch nur selten richtige Karstquellen, weil das eindringende Regenwasser sich schnell im felsigen Labyrinth aus

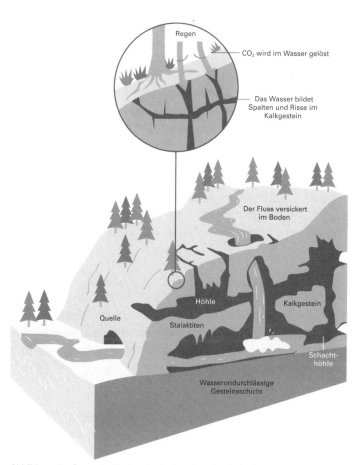

Abbildung 3 – Querschnitt einer typischen Karstlandschaft

Hohlräumen und Gängen verliert und daher wortwörtlich von der Oberfläche verschwindet. Die Karsthydrologie, also die Erforschung des Wassersystems auf und unter der Erdoberfläche von Karsten, ist ein äußerst komplexes Gebiet. Nur wo das Gestein seinen Sättigungsgrad mit Wasser erreicht hat oder bereits undurchlässig ist, entstehen Karstquellen und Wasserläufe, die zudem oft in Bereichen gefunden werden, die weit vom ursprünglichen Versickerungspunkt entfernt liegen.

Ebenfalls mit Karst verbunden sind Erscheinungen wie Dolinen, auch Karsttrichter genannt. Dabei handelt es sich um Einstürze in Höhlen, die nahe an der Oberfläche liegen, durch die kleine runde Täler entstehen. Diese wären ideal für die Bildung kleiner Seen, allerdings sind sie häufig zu durchlässig, um das Wasser zu halten, weshalb es rasch in diesen natürlichen Trichtern versickert und sich in den darunterliegenden Gängen im Gestein verliert. Ein weiteres Karstphänomen sind die sogenannten Karren, deutlich sichtbare Furchen und Rillen im Gestein, die wenige Zentimeter breit sind und mehrere Meter lang sein können. Sie bilden sich an der Gesteinsoberfläche und stellen regelrechte Felsspalten dar, die in manchen Fällen unheimlich tief und kalt sind.

Die unterirdische Welt der Berge hält so ziemlich jede Art von Rekord: ob über die tiefste Höhle, die Höhle mit der größten Ausdehnung, die längste Höhle oder die gefährlichste Höhle. An dieser Stelle interessiert uns davon allerdings nur einer, nämlich jener der größten bisher entdeckten Höhle (wobei das »bisher« besonders unterstrichen werden muss), die sich in China befindet: Miao Dong, eine Höhle mit einem Volumen von zirka 10,8 Millionen Kubikmetern. In ihr könnte man drei Pyramiden von der Größe der Cheops-Pyramide aufbewahren, vorausgesetzt, man hätte die Geduld, diese Stück für Stück auseinanderzunehmen. Leider lässt sich Miao Dong jedoch nicht ohne weiteres besichtigen, da man ein überaus komplexes und langes Höhlenlabyrinth überwinden muss, um sie zu erreichen.

EIN KÖNIG UNTER DEN MINERALEN

QUARZ IST TRUMPF: KRISTALLE

Die Erdkruste, jene felsige Folie, in die die Erde eingewickelt ist, besteht zu 46 % aus Sauerstoff, zu 28 % aus Silicium und zu 26 % aus einer Mischung weiterer Atome. Die Top Ten der am weitesten verbreiteten chemischen Bestandteile wird beherrscht von zwei Sauerstoffmolekülen und einem Siliciummolekül, die gemeinsam die chemische Formel für Quarz bilden: SiO_2. Zwar gibt es mehr als 3800 bekannte Minerale – jedes Jahr werden Dutzende neue entdeckt oder künstlich hergestellt –, doch können Sauerstoff und Silicium tatsächlich nur eine begrenzte Reihe von Mineralen bilden (die sogenannten Silicate), die wiederum die unterschiedlichsten chemischen Elemente beinhalten. Zu diesen gehört selbstverständlich auch Quarz, welches jedoch derart verbreitet und bekannt ist (es macht allein 12 % der Erdkruste aus), dass es eine gesonderte Betrachtung verdient.

Man trifft es nur selten in seiner elegantesten Form an, transparent und mit langen, gleichmäßigen Kristallprismen, die in einer rhomboedrischen Pyramide enden (d.h. einem Würfel, dessen Seitenflächen nicht quadratisch, sondern rautenförmig sind). Damit ein Kristall mit solch gleichmäßiger Form entstehen kann, müssen einige sehr spezielle Bedingungen erfüllt sein. Es muss etwa ein mit den für die Bildung des Kristalls benötigten Elemen-

Auf der Erde ist es das am häufigsten vorkommende Mineral.

Wie bei jedem Mineral verteilen sich die Atome in Form eines regelmäßig geformten Gitternetzes, das in der räumlichen Ausdehnung wiederholt wird. Dieses Gitternetz ist auch der Grund für die gleichbleibenden Winkel an der Kristalloberfläche.

Die Kristallstruktur des Quarzes hat die Form eines Tetraeders: ein Atom in der Mitte, umgeben von vier Sauerstoffatomen.

Er ist hart, aber spröde. Er bricht leicht bei Gewalteinwirkung.

Auf der Mohs-Skala, die Minerale ihrer Härte nach ordnet, steht Quarz an siebter Stelle: Es ist härter als Feldspat (Quarz ritzt Feldspat), aber weicher als Topas (Topas ritzt Quarz). An zehnter Stelle thront der Diamant.

Seine chemische Formel lautet SiO_2.

Die Griechen glaubten, Quarz sei verfestigtes Eis, und sie nannten ihn *krýstallos*. Von diesem Wort stammt unser heutiger Begriff »Kristall«.

Tigerauge, Amethyst, Jaspis, Achat, Chalzedon und Onyx sind Quarzvarietäten. Die Unterschiede rühren von Verunreinigungen oder Einschlüssen von chemischen Elementen oder mikrokristallinen Mineralen her, wovon Farbe und Form beeinflusst werden.

Sämtliche Versuche, ihn im heimischen Ofen einzuschmelzen, sind vergebens: Quarz schmilzt erst bei 1700 °C.

Übt man auf zwei gegenüberliegende Flächen Druck aus, kommt es zu einer elektrischen Polarisierung (eine Fläche erhält eine positive Ladung, die andere eine negative). Diese Eigenschaft wird gewerblich genutzt, etwa beim herkömmlichen Küchenfeuerzeug (das bei mechanischem Druck einen Funken erzeugt).

Der Amethyst, der seine violette Färbung Eisenoxiden in der Kristallstruktur verdankt, wird weiß, wenn man ihn auf 300 °C erhitzt. Bei 500 °C färbt er sich gelb. Wer ihn wieder in seiner violetten Ursprungsfarbe haben möchte, muss ihn nur Röntgenstrahlen aussetzen.

Abbildung 4 – Quarz

ten gesättigtes Gas oder eine Flüssigkeit ein offenes Umfeld, wie einen Hohlraum, passieren oder dort verweilen. Während Magma erkaltet, bilden sich nebeneinander unterschiedliche Kristalle, und es entsteht polykristallines Gestein, beispielsweise Granit. Das verhindert allerdings, dass sich ein hübscher Kristall ausbildet, wie man ihn aus dem Lehrbuch kennt. Wenn jedoch das richtige Zusammenspiel von Raum, Zeit und Temperatur zustande kommt, verteilen sich die Elemente mit vollendeter Gleichmäßigkeit und bilden ein perfektes Gitter, dessen geometrische Struktur von den Elementen des Minerals abhängt. Am Ende ergibt sich ein Kristall, der sich sehen lassen kann.

Häufiger finden sich *Milchquarze* (die so heißen, weil sie mit mikroskopischen Gasbläschen durchsetzt sind) oder *Rauchquarze* (gewissermaßen von radioaktiver Strahlung »geräuchert«), seltener hingegen einmal ein himmelblauer (dank winzigster Rutil- oder Turmalinkristalle) oder sogar ein gelblicher Kristall (der sogenannte *Citrit*, in den Eisenminerale eingeschlossen sind). Schließlich gibt es noch den berühmten *Amethyst* (den Eisenoxide violett färben) und das *Tigerauge* (in dessen Innerem sich faserartige Minerale wie Asbest befinden).

Naica: Die größten Kristalle der Welt

Die Kristalle von Naica in Mexiko sind gigantische Säulen aus reinstem Kristall, bis zu 15 Meter lang und teilweise bis zu einem Meter breit. Stämme aus klarem, opalisierendem Gips. Sie scheinen nicht von dieser Welt zu sein und passen eher nach Krypton, dem Heimatplaneten Supermans, als zur Erde. Die Höhle der Kristalle (auf Spanisch *Cueva de los Cristales*) in der Mine von Naica stellt eine der großartigsten Entdeckungen der letzten 50 Jahre dar und ist längst zur geheimnisumwobenen Legende geworden.

Die riesigen Kristalle von Naica wachsen in einem Berg mitten in der Wüste von Chihuahua. An diesem Berg ist nichts Besonderes, sieht man einmal davon ab, dass sich in seinem Inneren eine bedeutende Zinkmine befindet. Bergleute entdeckten die Kristalle in 290 Metern Tiefe, und nicht alle, die jene Höhle als Erste betraten, kamen auch wieder heraus. Denn die Mine ist ein wahres Inferno, in dem die Luft bis zu 60 °C erreicht und nur mit Hilfe eines entsprechenden Kühlungssystems auf 40 °C abgesenkt werden kann. In der Cueva de los Cristales beträgt die Luftfeuchtigkeit fast 100 % bei einer Durchschnittstemperatur von lebensfeindlichen 50 °C. Diese Bedingungen machen die Erkundung der Höhle und Untersuchungen der Kristalle nahezu unmöglich, da man den Raum immer nur für 30 bis 40 Minuten am Stück betreten darf, und das auch erst, nachdem man in einen Spezialanzug mit Atemgerät geschlüpft ist.

Die Mineralvorkommen und Kristalle sind die Folge einer gewaltigen Magmamasse, die vor 26 Millionen Jahren innerhalb der Erdkruste emporgestiegen ist und etwa 2000 Meter unter der Erdoberfläche zum Stillstand kam, wo sie seither sehr, sehr langsam erkaltet. Die im Erdboden zirkulierenden Flüssigkeiten sind mit Mineralen wie Gold, Zink und Silber angereichert und bilden den Ursprung der Erzvorkommen in der Mine. Entstanden sind sie, ebenso wie die Cueva de los Cristales, durch die äußerst langsame Ablagerung von unterirdischen Wasservorkommen, die mit Salzen gesättigt waren. Hieraus haben sich schließlich die gigantischen Gipskristalle (Selenit) gebildet, die den Hohlraum von 50 Metern Länge und 40 Metern Höhe, ganz wie eine Geode, nach und nach gefüllt haben. Dazu waren allerdings Jahrtausende vonnöten, und obwohl wir wahrscheinlich noch über Jahrzehnte von ihrer Schönheit werden zehren können, wird dieses fabelhafte Spektakel früher oder später wieder in den Tiefen des Berges verschwinden. Denn wenn der Bergbau erst einmal eingestellt wird, legen auch die gewaltigen Pumpen ihre Arbeit nieder, die derzeit die Gänge frei halten. Wasser wird in die Mine eindringen und die Tunnel überfluten – die Cueva de los Cristales wird wieder unerreichbar sein.

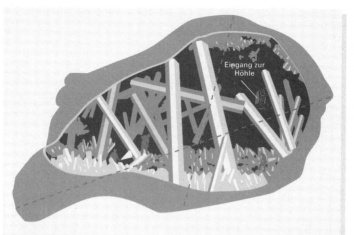

Ein paar Zahlen zur Höhle der Kristalle	
Tiefe	−290 Meter
Luftfeuchtigkeit	100 %
Temperatur	+50 °C
max. Höhe	12 Meter
max. Breite	40 Meter
max. Länge	50 Meter

Abbildung 5 – Die Cueva de los Cristales (Höhle der Kristalle) in der Mine von Naica, Mexiko

FEUERBERGE, AUCH UNTER WASSER

VULKANE

Vulkane sind das Überdruckventil für jenen Dampfkochtopf, der sich wenige Dutzend Kilometer unterhalb der Lithosphäre befindet. In diesem Hochdruckbehälter, der Asthenosphäre, entwickeln sich enorme Temperaturen von über 1000 °C und ein beachtlicher Druck. Wenn Magma sich nun erfolgreich durch Spalten in der Erdkruste emporwindet und die Oberfläche erreicht, kommt es zur vulkanischen Eruption. Ausbruch für Ausbruch errichtet sich ein Vulkan, der die klassische Kegelform annehmen kann – hier spricht man von *Schicht-* oder *Stratovulkanen*, da sich die Struktur des Vulkans aus mehreren Schichten Magma mit relativ hoher Viskosität und anderen Schichten mit Lockermaterial wie Aschen und Lapilli zusammensetzt. Oder aber der Vulkan fällt eher flach aus, mit einem breiten Sockel und wenig ausgeprägten Hängen – hier wiederum spricht man aufgrund ihrer Form von *Schildvulkanen*, die von flüssigerem Magma und weniger starken Eruptionen gebildet wurden. Lava ist nichts anderes als Magma, das seine gasförmigen Anteile eingebüßt hat, denn diese werden beim Ausbruch mit dem Verlassen der Erdkruste augenblicklich in die Atmosphäre freigesetzt.

Während einer Eruption treten bisweilen Gase aus, die mit großer Kraft in einige Kilometer Höhe schießen und dichten, trüben Staub mit sich emporreißen. Damit blockieren sie manchmal effektiv den internationalen Luftverkehr des halben Planeten, wie es 2010 nach dem Ausbruch des isländischen Vulkans Eyjafjallajökull geschehen ist. Wenn die Dichte der dabei entstandenen Staubwolke so hoch ist, dass sie in sich zusammenfällt, kann es zu einem sogenannten *pyroklastischen Strom* kommen. Die mit giftigen Gasen gefüllte Staubwolke kann Temperaturen von 800 bis 1000 °C erreichen und gleitet die Hänge des Vulkans hinab, wobei sie alles vernichtet, was ihr in den Weg kommt. Auch können Vulkane aus ihrem Schlot bei einem Ausbruch regelrechte *vulkanische Bomben* aus Lava oder Gesteinsfragmenten mit einem Durchmesser von bis zu fünf Metern, sogenannte *Lapilli* mit einem Durchmesser von zwei bis 64 Millimetern, und schließlich *vulkanische Asche*, deren Partikel einen Durchmesser unter zwei Millimetern aufweisen, schleudern. Diese Auswürfe des Vulkans werden als *Tephra* bezeichnet und stellen pyroklastische Sedimente dar.

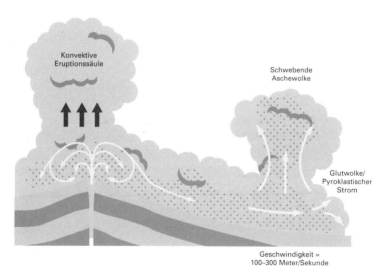

Abbildung 6 – Ein »typischer« Vulkanausbruch

Man könnte also durchaus sagen, dass Vulkane ziemlich unvorhersehbare Ungeheuer sind. Von einigen wenigen erwarten wir keine Ausbrüche mehr. Diese werden respektvoll als *erloschene Vulkane* bezeichnet und stellen Beweisstücke für geologische Ereignisse der Vergangenheit dar, die man als abgeschlossen betrachtet. Andere machen uns da schon mehr Sorgen, da sie zwar schlummern, die Geologen aber überzeugt sind, dass diese *ruhenden Vulkane* erneut ausbrechen werden. Das trifft beispielsweise auf den Mauna Kea in Hawaii zu, dessen letzte Eruption etwa 3500 Jahre zurückliegt – was, wie wir alle wissen, im Leben eines

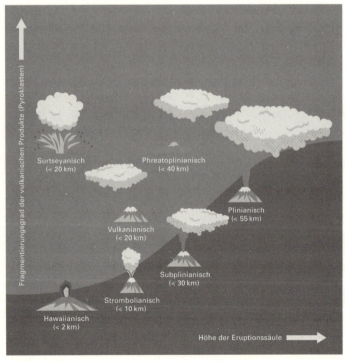

Abbildung 7 – Einteilung von Vulkanen nach Eruptionsart

Vulkans nur eine äußerst kurze Zeitspanne ausmacht. Wieder andere sind mit absoluter Gewissheit als *aktive Vulkane* einzustufen, wie der Ätna, der regelmäßig ausbricht, oder der Stromboli, der sich seit gut 2000 Jahren beinahe täglich regt. Für die Geologen gelten jedoch alle Vulkane als aktiv, die in den vergangenen 10 000 Jahren eindeutige Ausbruchsaktivitäten gezeigt haben, weshalb auch der Vesuv unter diese letzte Kategorie fallen muss.

Eine andere Methode, etwas Ordnung in all die verschiedenen Vulkane zu bringen, mit denen die Erdoberfläche übersät ist, besteht darin, sie nach der Art ihrer Eruption zu klassifizieren. Unterm Strich laufen die *Hawaiianischen Eruptionen* eher ruhig ab. Deren Ursprungsmagma ist warm und flüssig und weist schnell entweichende Gase auf, die atemberaubende Fontänen in der weit fließenden Lava hervorrufen. Etwas lebhafter sind die *Strombolianischen Eruptionen*, denen es zwar an Explosionen nicht mangelt, die aber letzten Endes eine eher bescheidene Gas- und Aschewolke nach sich ziehen. Schließlich gibt es noch die *Vulkanianischen* oder *Plinianischen Eruptionen*, die sicherlich die gewaltigsten Ausbrüche darstellen. Sie zeichnen sich durch heftige Explosionen und massive Rauchsäulen voller Asche und Lapilli aus, die anschließend in sich zusammenfallen und regelrechte glühende Lawinen hervorrufen können: die gefürchteten pyroklastischen Ströme. Zu dieser letzten Kategorie gehörte der Ausbruch des Vesuvs 79 n. Chr., der Pompeji und Herculaneum vernichtete und Plinius den Älteren das Leben kostete (der ihn studieren wollte) und der von dessen Neffen Plinius dem Jüngeren beschrieben wurde (der weise genug war, der Eruption aus der Ferne beizuwohnen). Doch worum handelt es sich bei der *Surtseyanischen Eruption*? Nun, in einem Buch über die Berge mag sie von geringerem Interesse sein, da sie unter Wasser abläuft, aber weil es sich dennoch um einen Typ von Vulkanausbruch handelt, darf man sie nicht verschweigen. Hierbei dringt Wasser in den Schlot ein und löst eine überaus explosive Eruption aus, die ihren Namen Surtsey verdankt, einer Insel, die zwischen 1963 und 1967 vor der Küste Islands entstanden ist. Der damalige Ausbruch hinterließ eine kurzlebige Insel, anfällig für die Zerstörungsgewalt der Meere, von der sich aber nach wie vor ein Teil aus den Wassern erhebt.

KANN MAN VULKANAUSBRÜCHE VORHERSAGEN?

Die Antwort darauf lautet: nicht so gut, wie wir es gerne hätten. Denn noch ist niemand in der Lage, eine präzise, also *deterministische* Vorhersage darüber zu machen, wann und wie genau ein Vulkan wie der Vesuv ausbrechen wird. Geologen haben jedoch Systeme entwickelt, die sich auf historische und geologische Daten stützen und die eine geschätzte, also *probabilistische* Vorhersage darüber erlauben, innerhalb welchen Zeitraums man aller Wahrscheinlichkeit nach mit einer Eruption eines gewissen Ausmaßes zu rechnen hat.

Um beispielsweise einen Hinweis auf die Gefährlichkeit des Vesuvs geben zu können, der als einer der risikoreichsten Vulkane der Welt gilt (nicht weil er häufiger oder heftiger ausbricht als andere, sondern weil eine Eruption des Vesuvs verheerende Folgen für die nahe gelegenen menschlichen Siedlungen haben würde), haben Experten folgende Überlegungen angestellt: Wenn die Untersuchungen ergeben, dass es mit einer Wahrscheinlichkeit von 90 bis 95 % zu einem explosiven, aber nicht verheerenden Ausbruch kommt, wie er sich 1631 und 1944 ereignet hat, dann liegt die Wahrscheinlichkeit für eine erneute (plinianische) Eruption, die, wie 79 n. Chr., dramatische Auswirkungen haben würde, nur bei etwa 5 bis 10 %. In diesem Fall jedoch müsste man ein urbanes Gebiet evakuieren, in dem Millionen Menschen leben und das bei einem Ausbruch dieser Art vollkommen zerstört werden würde. Da ein solch dramatischer Ausbruch jedoch sehr unwahrscheinlich ist, konzentriert man sich lieber darauf, die unmittelbar an den Vulkan angrenzenden Bereiche zu schützen, die bei jeder Art von Eruption betroffen wären. Ein entsprechender Notfall würde somit rund 700 000 Menschen betreffen, und sollte es doch zu einem Ausbruch plinianischen Ausmaßes kommen, könnte man das Evakuationsgebiet in einer zweiten Phase ausdehnen – selbst die Bewohner von Pompeji hatten nach Beginn der Eruption ausreichend Zeit, die Stadt zu verlassen, bevor der pyroklastische Strom die Häuser erfasste und nur die letzten Verbliebenen tötete.

Man muss viele unbekannte Variablen berücksichtigen, da jedes vulkanische Ereignis einen ganz eigenen Fall darstellt, bei dem sich neue Krater öffnen und die jeweilige Eruption von der Zusammensetzung des heraufquellenden Magmas bestimmt wird. Zum Glück wissen die Geologen zumindest – anders als bei Erdbeben –, wo sich das Epizentrum eines Ausbruchs befindet, da es konstant überwacht wird. Vulkane sind buchstäblich umzingelt von Sensoren wie Geophonen und GPS-Stationen: Sie messen Schwankungen in den Gasemissionen und an den Fumarolen, erfassen Verformungen des Geländes (da der Druck, der sich vor einer Eruption in der Magmakammer aufbaut, manchmal den gesamten Vulkan anheben kann, wenn auch nur um wenige Millimeter), registrieren Beben im Boden, die von aufsteigendem Magma in der Erdkruste verursacht werden und überwachen weitere Signale, die einem vulkanischen Event vorausgehen. Signale, die wir bei Erdbeben leider nicht entsprechend kennen. Experten können bestenfalls eine Vorwarnung von drei Tagen geben, was zwar nicht viel ist, aber dennoch das Beste darstellt, was der aktuelle Stand der Wissenschaft liefern kann.

Vorhersagen werden zudem dadurch erschwert, dass ein einziges Vorläuferphänomen nicht ausreicht, um Anlass zum Großalarm zu geben. Zwischen 1983 und 1984 wurde das vulkanisch aktive Gebiet der Phlegräischen Felder unweit des Vesuvs stellenweise um gut zwei Meter angehoben und von mehreren Tausend oberflächlichen Erdbeben erschüttert. Alles deutete auf eine bevorstehende Eruption des Vulkans hin, zu der es jedoch nie kam. Nach ein paar Monaten wurde der Alarm wieder aufgehoben. Insgesamt bleiben Erdbeben und Vulkane leider auch weiterhin unvorhersehbare Phänomene, weshalb Experten eher dazu raten, mit angemessenen Schutzmaßnahmen und Evakuationsplänen Vorkehrungen für den Schadensfall zu treffen, als sich auf korrekte Vorhersagen zu verlassen.

Die Vulkane Italiens

Das Tyrrhenische Becken – eingerahmt von Korsika, Sardinien, Sizilien und der italienischen Halbinsel – ist ein ziemlich komplexes Fleckchen Erde, wenngleich es vielleicht sehr idyllisch erscheint. Es gibt nicht nur eine ganze Reihe von teils aktiven, teils ruhenden Vulkanen, diese weisen darüber hinaus auch noch sehr unterschiedliche Eigenschaften und Verhaltensweisen auf. Sie stellen, kurz gesagt, die Geologen regelrecht vor ein Rätsel, denn es ist ihnen bis heute nicht gelungen, deren diverse Merkmale vollständig mit der Theorie von der Plattentektonik in Einklang zu bringen.

Stromboli, Vesuv und Ätna liegen so nahe beieinander und sind sich doch so fremd, was Aussehen, Ausbruchsart und Gefährlichkeit anbelangt. Zudem gibt es nicht viele Orte auf diesem Planeten, an denen auf so kleinem Raum eine derartige Vielfalt an Vulkanen versammelt ist. Gleichwohl verbindet sie eine gemeinsame Geschichte, jene der Öffnung des Tyrrhenischen Meeres. Dieses streckt sich seit zehn Millionen Jahren langsam nach Nordosten aus und bewirkt damit eine anhaltende Rotation der italienischen Halbinsel, die in ferner Zukunft zur Verschließung der Adria führen wird. So wird das Tyrrhenische Meer langsam zu einem mikroskopischen Ozean. Es reißt auf, ganz ähnlich, wie es entlang der ozeanischen Rücken geschieht, und beschwört kochendes Magma aus den Tiefen der Erde herauf.

In der Gegend der Phlegräischen Felder drückt das Magma von unten, wie eine Eiterbeule, die kurz vor dem Platzen steht. Dabei bricht es die Lithosphäre auf und drängt aus ihr empor, wo immer sich ein Spalt bildet. Genau das ist die Ursache für die vulkanischen Aktivitäten auf Ischia, auf Procida und am Vesuv.

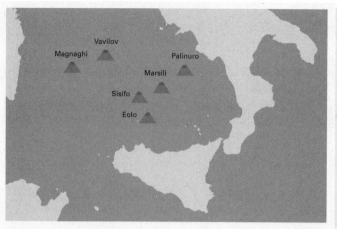

Abbildung 8 – Die wichtigsten Unterwasservulkane im Tyrrhenischen Meer

◇◇

Dann ist da noch der Ätna, der gutmütige Riese, mit seinen 3340 Metern Höhe und seinem 40 Kilometer durchmessenden Sockel. Er ist seit 600 000 Jahren aktiv und aus Magma entstanden, das sich gänzlich von dem des Vesuvs unterscheidet, obgleich er sich ebenfalls genau über der Spalte zwischen Afrikanischer und Eurasischer Platte erhebt. Der Unterschied besteht darin, dass entlang des Apennins der Prozess eine kompressive Dynamik aufweist (die Lithosphären werden gegeneinandergedrückt), während es im geographischen Sektor des Ätna zu einer Ausdehnung der Lithosphäre kommt, die entlang des Kalabrischen Bogens bis nach Sizilien hinab aufbricht, sich ausstreckt und erweitert. Das Magma des Ätna ist warm und flüssig, und die austretenden Lavaströme verhalten sich im Großen und Ganzen eher ruhig, weshalb sich weder wissenschaftliche Experten noch der Katastrophenschutz große Sorgen um ihn machen.

Nur einen Steinwurf vom Ätna, der von seiner Wesensart her eher an einen hawaiianischen oder isländischen Vulkan erinnert, und nur wenige Schiffsstunden von Neapel entfernt befinden sich die Äolischen Inseln. Unter all den Vulkanen, aus denen sich der Archipel zusammensetzt, kann der Stromboli mit Sicherheit als der unbestrittene Champion betrachtet werden. Er erhebt sich fast 1000 Meter über das ihn umgebende Meer und ist derart aktiv, dass er schon seit der Antike als der »natürliche Leuchtturm« des Tyrrhenischen Meeres bezeichnet wird. Die Äolischen Inseln, die sämtlich vulkanischen Ursprungs sind, haben sich vor etwa 1,3 Millionen Jahren gebildet und hängen mit der Subduktion der Afrikanischen Platte unter den Kalabrischen Bogen zusammen. Dieser Prozess ruft die Erdbeben, für die die ganze Region bekannt ist, sowie die vulkanischen Inselbögen hervor, die große Ähnlichkeit mit den japanischen und indonesischen Vulkanen aufweisen.

Berge mit Donnerschlag: Der Mount St. Helens

Der Mount St. Helens in den Vereinigten Staaten galt seit jeher als ruhender Vulkan, bis er am 18. Mai 1980 bei einer spektakulären Eruption 57 Todesopfer forderte und 250 Häuser und 180 Kilometer an Straßen vernichtete. Der gesamte Berggipfel wurde bis in die Stratosphäre katapultiert, und inmitten von Blitzen und Explosionen erhob sich eine gewaltige, dichte Wolke. Dabei wurde der hübsch schlummernde Vulkan mit seiner Höhe von 2950 Metern mit einem Streich enthauptet. An seiner Stelle befindet sich heute eine hufeisenförmige Caldera von 2550 Metern Höhe. Ein pyroklastischer Strom aus Lava und Gas begrub das gesamte pflanzliche und tierische Leben unter sich und verwandelte 600 Quadratkilometer Nationalpark in steriles Ödland. Es gab freilich Warnsignale, die eine derartige Katastrophe ankündigten: Tatsächlich registrierten im April und Mai desselben Jahres Seismographen in der Gegend immer wieder oberflächliche Erdstöße. Doch daraus abzuleiten, wann und wie, ja sogar, *ob* es überhaupt zu einem Ausbruch kommen würde, war unmöglich.

Zudem gab es 1980 längst nicht all die ausgeklügelten Satellitensysteme, die es uns heute ermöglichen, einen Vulkanausbruch vorauszusagen und auf Schritt und Tritt mitzuverfolgen.

Die Geologen sind sich jedoch einig, dass der Ausbruch des Mount St. Helens die erste große Eruption war, die wissenschaftlich überwacht und aufgezeichnet wurde. Für die Forscher war es eine wichtige Lektion über das Verhalten vulkanischer Asche in der Atmosphäre sowie über ihre Verteilung und anschließende Verbreitung. Diese schmerzliche Lektion hatte Modelle zur Folge, die 2010 erfolgreich genutzt werden konnten, um die 10 000 Meter hohen Dampf- und Aschewolken zu überwachen, die der Eyjafjallajökull in den europäischen Himmel gespien hatte.

UNTERWASSERGEBIRGE: SEAMOUNTS

Einige der erhabensten Gebirge der Welt liegen unter Wasser, und um sie zu erklimmen, benötigt man weniger Bergsteigerstiefel und Daunenanorak als vielmehr einen guten Tauchanzug. Zwar haben wir sie nicht direkt vor Augen, aber es gibt sie, und sie sind recht zahlreich und teilweise sehr hoch. Einige durchstoßen sogar den Wasserspiegel, wie etwa die hawaiianischen Inseln, die nichts anderes sind als Berge vulkanischen Ursprungs.

Eine aktuelle Untersuchung der Ozeantiefen zwang die Geographen dazu, die Karten des Meeresbodens neu zu entwerfen. Die bodenlosen Ebenen zwischen den Kontinenten haben ihr Aussehen in unserer Vorstellung verändert und erscheinen nun nicht mehr als gleichförmige blaue Ausdehnungen, sondern sind jetzt übersät mit unterseeischen Gebirgen: Auf den neuen Karten werden 20 000 sogenannte *Seamounts* oder *Tiefseeberge* dargestellt – deutlich mehr also als die geschätzten 5000, von denen man bis dato ausgegangen war. Es handelt sich dabei um Berge, die sich um mehr als 1500 Meter vom Meeresgrund erheben, womit sie eine handfeste Gefahr für Unterseeboote darstellen, die in den Ozeanen der Erde unterwegs sind.

Uns Bergliebhabern sind Seamounts vielleicht bislang entgangen, aber von den zahlreichen Bergbaugesellschaften lässt sich das nicht gerade sagen, die derzeit die geologischen Bestandteile dieser neu entdeckten Gebirge studieren, um in ihnen Minerale für die Industrie aufzustöbern. Aus Sicht der Meeresbiologen sind die Seamounts hingegen aufgrund des großen Artenreichtums von Bedeutung, der ihre überfluteten Almen und Weiden auszeichnet. Dazu gehören Dutzende Fischarten, die für den kommerziellen Fischfang wichtig sind. Insbesondere die höheren Seamounts stellen eine Art Oase dar, in der auch viele Walarten auf ihren langen Wanderungen Ruhe und Nahrung finden können. Doch das scheint nur der Anfang zu sein, denn der Wissenschaft zufolge weiß man heute noch sehr wenig über die tatsächliche Artenvielfalt dieser Berge, die oftmals durch Tausende Kilometer finstersten Ozeans voneinander getrennt sind.

DIE BERGE VON AUSSEN

DIE PERFEKTE FORM DER BERGE

WESHALB SIND BERGE SPITZ?

Wieso ist das stereotype Profil eines Gebirges eigentlich immer von spitzen Bergen geprägt? Schon als Kind lernt man sie, beispielsweise im Hintergrund von Zeichentrickserien wie *Heidi*, immer auf dieselbe Art kennen: Unten im Tal, auf den saftigen Almen des Großvaters, ist es grün, darüber, wo Felsen und Geröll liegen, ist es eher grau, und ganz oben, wo die Gipfel der Berge selbst im Hochsommer schneebedeckt sind, sitzt die klassische Pyramide in strahlendem Weiß.

Jeder Berg, der es verdient hat, so genannt zu werden, sieht aus wie eine Pyramide, die auf einem breiten Sockel ruht, oder? Das zumindest ist die klassische Form, welche die meisten von uns instinktiv von einem Berg erwarten. Weshalb aber nehmen Berge genau diese Form an – und nicht etwa die eines Würfels oder, man weiß ja nie, eines Hexakisikosaeders (das gibt es wirklich!)?

Dafür sind die Erosion und die mit ihr einsetzenden *Erosionsprozesse* verantwortlich, die die Berge aufgrund ihrer Zerbrechlichkeit ganz langsam, Stück für Stück, auseinandernehmen. So ein Gebirge ist viel empfindlicher, als wir denken. Aus der Ferne erscheint es massiv und mächtig, das stimmt. Aus der Nähe betrachtet ist es jedoch von zahllosen Rissen durchzogen, Schwachstellen, die man auch *Klüfte* nennt. Diese sind unter anderem eine Folge der Schichtung der Gesteine oder der Verteilung der Minerale im Gestein. Regen, Wind und Eis nutzen diese Schwachstellen aus, um Felsen besser zerkleinern zu können. Der Schwerkraft schließlich sind sämtliche Höhen und Unebenheiten ein Dorn im Auge, weshalb sie am liebsten alles Vertikale von der Erdoberfläche tilgen würde, von den Wolkenkratzern Shanghais bis zu den Steilwänden des K2.

Wenn es allein nach der Schwerkraft ginge, wäre die Erde eine fast perfekte Kugel, doch die Erdwärme im Inneren und die tektonische Bewegung der Kontinente machen ihr immer wieder einen Strich durch die Rechnung. Das gelingt ihnen am besten dort, wo sie Erhebungen hervorrufen, wie beispielsweise die Torres del Paine in den Anden oder die Trango-Türme im Karakorum: steile, schroff emporragende Berge, die uns als Ausgangspunkt dienen können, um die Evolution von Berghängen nachzuvollziehen, die schließlich zum typischen Pyramidenberg führt.

Berghänge sind einem unaufhörlichen »Entkleidungsvorgang« (der sogenannten *Denudation*) ausgesetzt, der ihnen eine stabilere Form verleiht, was gleichzeitig dazu führt, dass sie eben diesem zersetzenden Prozess besser widerstehen können.

Um zu veranschaulichen, wie die Entstehungsgeschichte des idealen Berges in Pyramidenform abläuft, reicht folgendes Modell schon aus: Nehmen wir einmal an, ein rechteckiger, steiler und felsiger Berg erhebt sich in einer klimatisch außergewöhnlich stabilen Region – einem klimatischen Idealbereich ohne abrupte Klimawechsel, Meteoriteneinschläge oder Erdbeben, in dem über Jahrtausende hinweg Wind und Regen gleichbleibend auf den Berg einwirken. Unter diesen Bedingungen laufen Zersetzungsprozesse und die Bildung einer sogenannten *Schutt-* oder *Geröllhalde*, auch *Talus* genannt, nur so lange ab, bis die Neigung des Hangs einen bestimmten Wert übersteigt. In der Natur liegt dieser Wert je nach Material zwischen 25 und 40 Grad – für unser Modell gehen wir einmal von 35 Grad aus. Sobald sich durch die Zerstörung der Felswand ein mehr oder weniger gleichmäßiger Hang mit 35 Grad Neigung gebildet hat, verlangsamt sich der Prozess, bis er fast ganz zum Erliegen kommt. Die Schwerkraft kann nicht

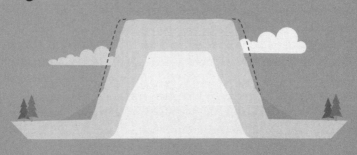

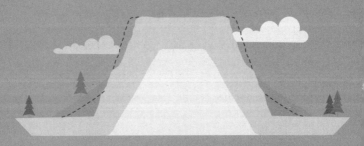

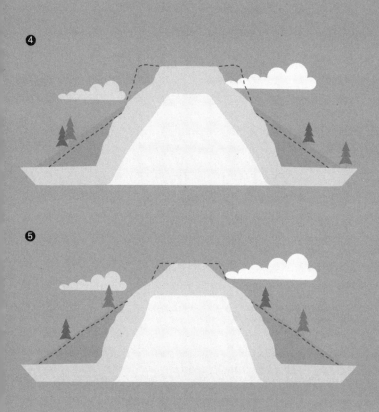

Abbildung 1 – Die Form der Berge.
Erosionsprozesse am Hang und die Ablagerung von Gesteinsschutt am Fuß des Berges verleihen ihm seine typische zugespitzte Form.

weiter einwirken, während die Reibung des Gerölls – die der Bewegung des Gesteinsmaterials entgegenwirkt – den Abhang gewissermaßen festhält. Es hat sich also ein Gleichgewicht eingestellt zwischen dem Zug der Schwerkraft und dem Reibungswiderstand des Gerölls – nicht zufällig heißt der Winkel, in dem dieser Zustand herrscht, *Ruhewinkel*. In der Natur hat die Ruhephase des Gerölls jedoch nur kurz Bestand, weil die Realität viel komplexer ist als unser Modell. Das Klima kann sich verändern oder ein Erdbeben die Region erschüttern, Pflanzen können sich auf dem Hang niederlassen oder ein Erdrutsch zur Entstehung eines Sees führen – kurz: Die Prozesse, die zur Zerstörung oder manchmal auch zur Festigung eines solches Hangs führen können, sind deutlich variabler und komplexer, weshalb der einmal erreichte Ruhewinkel schnell überwunden wird.

WESHALB SIND NICHT ALLE BERGE SPITZ?

Schaut man genau hin, sind die spitzen Berge mit dem hübschen Profil einer felsigen Cheops-Pyramide in der Minderheit. Es stimmt zwar, dass alle Gebirge einen Gipfel aufweisen, von dem aus man ohne Flügel schlichtweg nicht weiter nach oben gelangt, aber es haben bei weitem nicht alle dasselbe Profil wie die Berge aus Heidis Zeichentrickheimat. Wer genau darauf achtet, erkennt, dass die Zeichner von Heidi sich sogar Mühe gegeben haben, die Almen der Schweizer Alpen möglichst wahrheitsgetreu nachzuahmen: Das Profil der Gebirge ist abwechslungsreich und viel komplexer als eine schlicht x-mal wiederholte Pyramide – andererseits wäre ein solcher Hintergrund ja auch ein wenig langweilig gewesen.

Die Prozesse, durch die das Gestein abgetragen wird, können – wie im vorangegangenen Abschnitt beschrieben – mechanischer Natur sein oder aber auf chemischer Basis ablaufen, was stark vom Klima und den Eigenschaften des Gesteins abhängt. Ist das Gestein besonders dicht und kompakt, wird es eher in große Blöcke zersplittern und spitze Formen annehmen. Die größten und tiefsten Risse bestimmen dabei, wo besonders verwinkelte und zerklüftete Formationen auftreten. Ist das Gestein hingegen eher weich, also beispielsweise aus erhärtetem Sand oder Lehm entstanden, schreitet die Erosion viel schneller voran, was zu kleineren Gipfeln führt und sanftere, eher runde Formen hervorruft.

Man muss nur das eine oder andere Tal in den Alpen aufsuchen, um zu sehen, dass nicht alle Berge spitz zulaufen und dass letzten Endes ihr Aussehen von den Merkmalen des Gesteins abhängt, aus dem sie sich zusammensetzen. Einige Täler, wie etwa das Val Veny und das Val Ferret, die sich beide zu Füßen des Montblanc im italienischen Aostatal befinden, sind von ganz unterschiedlichen Bergen umgeben. Die nördliche Wand wird von scharfen Kämmen und schlanken Spitzen bestimmt, unter denen sich die höchsten Gipfel des gesamten Gebirgszugs befinden. Auf dem gegenüberliegenden Hang dagegen stößt man auf sanfter geschwungene Formen, die bei weitem nicht dieselben Höhen erreichen. Auf der einen Seite ist das Gestein massiv und besteht hauptsächlich aus extrem festem Granit, auf der anderen findet man Formationen aus Sedimentgestein, das der Erosion weitaus weniger Widerstand bietet und ihnen ein ganz anderes Aussehen verleiht – und das, obwohl die klimatischen Bedingungen und die Schwerkraft auf beiden Seiten im Grunde dieselben sind.

Viele Alpentäler, zumal die besonders tiefen und steilen, liegen genau zwischen Gesteinsmassiven unterschiedlicher Art. Es ist auch kein Zufall, dass Flüsse und Gletscher sich ihren Weg ausgerechnet auf dieser Trennlinie gebahnt haben. Achtet man bei einem Ausflug ins Gebirge einmal darauf, so erkennt man häufig, dass sich der rechte Hang deutlich von dem auf der linken Seite unterscheidet. Und auch die sichtbaren Gipfel haben ganz verschiedene Formen. Spätestens daran wird klar, dass es sich tatsächlich um zwei ganz unterschiedliche Gesteine handelt.

... UND MANCHE SOGAR EIN TURM?!

Die Dolomiten sind ein schönes Beispiel für ein »ungespitztes« Gebirge. Man könnte sie darstellen als eine Reihe von rechteckigen Wachtürmen, mit vertikalen Wänden und zum Teil sogar mit abgeflachten Gipfeln. Aufgrund ihrer landschaftlichen Vielfalt sind sie 2009 sogar zum UNESCO-Weltkulturerbe ernannt worden. Sie bestehen hauptsächlich aus Gesteinen, die im Laufe verschiedener Anstiege und Absenkungen des Meeresspiegels der Tethys entstanden sind, jenes tropischen Ozeans, der im Erdzeitalter des Mesozoikums zwischen den Megakontinenten Laurasien und Gondwana lag.

Das unverwechselbare und einzigartige Landschaftsbild der Dolomiten ist in erster Linie der Gesteinsart *Dolomit* (oder Dolomitstein) zu verdanken, die hauptsächlich aus dem gleichnamigen *Dolomit* aufgebaut ist, einem Mineral, das seinerseits aus Calciumcarbonat und Magnesiumcarbonat – chemisch ausgedrückt: $CaMg(CO_3)_2$ – besteht. Dieses Gestein ist weniger löslich als sein Vetter *Kalk*, dessen größter Anteil hingegen dem *Calcit* zufällt, einem Mineral aus Calciumcarbonat ($CaCO_3$). Ihre Herkunft ist fast dieselbe, so wie sich auch die Gitterstruktur ihrer Kristalle sehr ähnelt. Am Unterschied der beiden sieht man, dass Magnesium im Kristallgitter ausreicht, um das Gestein weniger anfällig für Auflösungsprozesse zu machen – und damit massiver. Dolomitgestein neigt kaum zu chemischer Auflösung oder einem Zerbröckeln in viele kleine Fragmente, sondern löst sich vielmehr gleich in enormen Felsblöcken vom Berg, die erst auf ihrem polternden Weg ins Tal zu Bruch gehen.

Solange die Tethys existierte und später im Zuge der Entstehung der Alpen, die vor etwa 70 bis 80 Millionen Jahren begann und ihren Höhepunkt vor rund 40 Millionen Jahren erreichte, lagerten sich rings um die Massive der Dolomiten auch andere Gesteine ab, teils aus Sedimenten, teils sogar vulkanischen Ursprungs, die stärker erodierten als Dolomit. Genau diesem Nebeneinander von solchem erosionsfreudigen Gestein und kompaktem Dolomit ist das typische Aussehen der Dolomiten zu verdanken. Wasser, das als Regen und mit Gebirgsbächen den Fels erodiert, und das Eis der großen Vergletscherungen der letzten zwei Millionen Jahre haben viel von dem Gesteinsmaterial abgetragen, mit dem diese beeindruckenden Monolithen umkleidet waren, die sich jetzt einsam in die Höhe recken.

BERGE ON THE ROCKS

STETER TROPFEN HÖHLT DEN STEIN – DOCH EIS HÖHLT STÄRKER!

Unser Planet besteht zum größten Teil aus Wasser, dem die Berge lediglich als Auffangbecken dienen. Wie wichtig das H_2O-Molekül für unsere Erde ist, beweist schon die Tatsache, dass bestimmte Organismen zu 90 % aus Wasser bestehen. Selbst wir Menschen sind zu rund 60 % aus Wasser aufgebaut. Es verwundert also kaum, dass auch unter den Einflüssen, die das Gestein abtragen und Gebirgen ihre Form verleihen, das Wasser den wichtigsten Beitrag leistet.

Bei H_2O handelt es sich um ein außergewöhnliches und doch allgegenwärtiges Molekül, dem einzigen, das in der Natur in allen drei Aggregatszuständen auftritt – fest, flüssig und gasförmig –, und das manchmal sogar gleichzeitig. Nehmen wir etwa einen See im Winter: Er ist teilweise von festem Wasser (Eis) bedeckt, darunter rinnt es in flüssigem Zustand, und ein am Ufer aufgestellter Feuchtigkeitsmesser wird eine gewisse Luftfeuchtigkeit feststellen können, die nichts anderes ist als gasförmiges Wasser.

Wasser kann mit Mineralen auf unterschiedliche Weise reagieren. Teilt es sich in ein Sauerstoff- und ein Hydroxid-Ion auf, greift es bestimmte Minerale an, reagiert mit ihnen und bildet neue Minerale, die es anschließend fortspült. Metallische Minerale kann es hingegen oxidieren, was das Ursprungsgestein verändert und die Erosion fördert. Schließlich kann es manche Gesteine über einen Auflösungsprozess angreifen, etwa indem das im Wasser enthaltene CO_2 mit dem Calciumcarbonat im Gestein reagiert, was jene Prozesse in Gang bringt, die zur Höhlenbildung führen.

Besonders beeindruckend sind die Folgen des Übergangs von flüssigem zu festem Aggregatszustand, bei dem das Wasser sich als regelrechter Presslufthammer entpuppt. Seine Zerstörungskraft ist in solchen Fällen geradezu atemberaubend. Verwandelt es sich in Eis, nimmt das Volumen von Wasser um 9 % zu. Der dabei entstehende Druck gleicht bei einer genügend großen Eisfläche in etwa dem einer Pistolenkugel, die auf eine Wand aufschlägt, mit dem Unterschied, dass das Eis diesen Druck auf eine viel größere Oberfläche ausübt. Man braucht sich nur vorzustellen, was im Frühling oder im Herbst geschieht, wenn das Wasser tagsüber in die Risse sickert, die sich durch die Felswände des Matterhorns ziehen, um dann nachts zu gefrieren: Das Eis stemmt diese Risse weiter auf und vergrößert sie um einen Nanometer oder einen Millimeter pro Nacht. Dieser Prozess wiederholt sich dann Dutzende Male im Jahr, über Jahrtausende hinweg. In Island, beispielsweise, aber auch an manchen Südhängen der Alpen, ereignen sich solche Auftau-Gefrier-Zyklen bis zu 150 Mal im Jahr. Ab einem gewissen Punkt werden die entstehenden Klüfte breit genug, um große Gesteinsblöcke zu lockern, die von der Schwerkraft anschließend in die Tiefe gezogen werden. Bei manchen antarktischen Gipfeln beispielsweise ist bereits vor Jahrmillionen Wasser in die Risse eingedrungen und gefroren und schlummert seitdem als Eis in ihren Tiefen. Diese Gipfel sind viel stabiler als das Gestein der Alpen, bei dem sich Auftauen und Gefrieren regelmäßig abwechseln. Man kann sogar behaupten, dass in besonders kalten Gegenden das Eis gewissermaßen als Leim fungiert, der die Berge zusammenhält. Sobald das Klima sich jedoch genug erwärmt hat, wird auch dieser Leim am Wechselspiel von Auftauen und erneutem Einfrieren teilhaben und die Zerstörung der Berge vorantreiben.

Eis beschränkt sich in seiner Rolle als Zertrümmerer von Gebirgen jedoch keineswegs auf das sorgfältige Zurechtschneiden von Felsblöcken. Schmirgeln nimmt ebenfalls eine große Rolle in seinem Repertoire ein. Das gründliche Abreiben und Abschaben der Gebirge ist eines der bekanntesten Wesensmerkmale von Gletschern. Wenn sich so ein Gletscher wirklich ins Zeug legt, kann er das Erscheinungsbild eines Tals vollkommen verändern – in nur wenigen Zehntausend Jahren.

WAS IST EIN GLETSCHER?

Fast alle Gebirgszüge sind von Gletschern gekrönt. Diese großen Eismassen entstehen, wenn sich aufgrund des typischen frostigen Klimas im Hochgebirge – selbst auf dem Kilimandscharo, im glühenden Herzen des afrikanischen Kontinents – große Mengen an Schnee ansammeln. Der gefallene Schnee wird langsam zu Eis, teilweise durch den Druck der oberen Schneeschichten auf die darunterliegenden, teilweise aufgrund des Auftau-Gefrier-Kreislaufs. Doch Eis ist ein seltsamer Feststoff: Es ist unbestreitbar hart, aber unter bestimmten Umständen drängt es abwärts, als würde es einen Hang hinab »fließen«. In Gebirgszügen der gemäßigten Klimazonen dringt dieser Eisstrom oftmals bis unter die klimatische Schneegrenze vor. Oberhalb dieser Linie bleibt der Schnee das ganze Jahr über liegen, was die Gletscherbildung ermöglicht, darunter jedoch beginnt ein Gletscher zu schmelzen und sich aufzulösen. Man kann also behaupten, dass Gletscher sich hauptsächlich von den üppigen Schneefällen ernähren, die vor allem in großen Höhen niedergehen, oberhalb der klimatischen Schneegrenze (auch *Firngrenze*). Weiter talwärts, wo es wärmer ist, verlieren sie hingegen an Masse. Die Bilanz zwischen diesen beiden Werten – also dem Zugewinn an Masse aus Schnee in der Höhe (*Nährgebiet*) und der weiter unten abgeschmolzenen Menge (*Zehrgebiet*) – gibt Auskunft über den Zustand eines Gletschers. Von den Anden bis zum Himalaja sind derzeit die Bilanzen der meisten temperierten oder warmen Gletscher negativ, was bedeutet, dass sie nach und nach an Masse verlieren.

WARUM »FLIESST« DAS EIS?

Die Ausdrücke »abwärtsdrängen« und »fließen« können verwundern, wenn sie die Bewegung von Gletschern beschreiben. Betrachtet man einen Gletscher als Festkörper, kann er doch höchs-

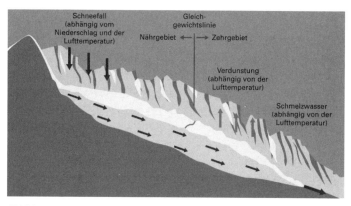

Abbildung 2 – Längsschnitt durch einen Gletscher

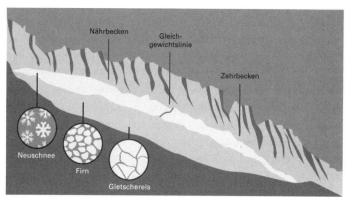

Abbildung 3 – Gletscher: Übergang von Neuschnee zu Gletschereis

tens »gleiten« oder, in Extremfällen, vielleicht noch »rollen«. Aber dass ein Festkörper »strömen« oder sich »verformen« soll, kommt uns merkwürdig vor.

Temperierte Gletscher, also all jene, die sich außerhalb der polaren Zonen befinden, verdanken ihre Bewegung insbesondere den Eigenschaften von kristallinem Wasser. Sobald sie eine bestimmte kritische Masse erreicht haben und je nachdem, wie stark der Hang geneigt ist, auf dem sie sich befinden, können Gletscher beginnen abwärtszurutschen. Das geschieht vor allem bei Gletschern, die sich nicht in extremen klimatischen Bedingungen befinden und deren Oberflächentemperatur im Durchschnitt unter dem Gefrierpunkt liegt. Dennoch können diese Gletscher aufgrund des hohen Drucks ihres eigenen Gewichts an ihrer Unterseite antauen, und genau dieses Schmelzwasser begünstigt die Rutschbewegung des Gletschers.

Auf einer glatt polierten Oberfläche mag das ohne weiteres funktionieren. Tatsächlich jedoch beschränkt sich ein Gletscher durchaus nicht darauf, ruhig dahinzugleiten wie ein Granitblock auf einer geneigten und eingefetteten Felsplatte. Eine der Eigenheiten kristallinen Wassers besteht nämlich darin, sich plastisch zu verformen, wenn ein entsprechender Druck vorliegt, der das Eis gewissermaßen verbiegt und der in diesem Fall von seinem eigenen Gewicht und der stetigen Massezunahme an seinem oberen Ende ausgeht. Dabei rutscht und verformt sich der gesamte Gletscher. Diese Verformung nimmt zur Mitte hin zu, während sie an den Rändern und an der Sohle schwächer ist, wo er am umgebenden Gelände festfrieren kann, ganz so, wie das Wasser in einem Fluss an dessen Rändern weniger schnell fließt.

Rutscheffekt und Verformung nutzen Gletscher meisterhaft aus, um sich unaufhaltsam in ihre Umgebung zu graben. Felsbrocken, die wie Edelsteine in einem Ring in der Basis des Gletschers eingefasst sind, raspeln über das Gestein hinweg. Wie ein gewaltiger Bogen Sandpapier bearbeiten sie ganze Täler und sind damit verantwortlich für die typische U-Form vieler Gebirgstäler und einiger Bergketten. Der Gletscher lässt es auf dieser Schmirgelarbeit jedoch nicht beruhen und lädt sich ohne große Mühe all das Material auf, das er vom Talboden und den Seiten abgetragen hat. Selbst von den umgebenden Gebirgshängen abgestürztes Material jeder Größe wird mitgenommen und bergab transportiert bis an die Stirn des Gletschers. Diese Ablagerungen können gewaltige Ausdehnungen annehmen und extrem chaotisch ausfallen: ein Mischmasch aus staubigem Schlick und riesigen Felsblöcken, das man *Moränen* nennt.

Mit den polaren oder sogenannten *kalten Gletschern* verhält es sich jedoch ganz anders. Ihre Fortbewegung ist fast vollständig auf die plastische Verformung in ihrem Inneren zurückzuführen. Aufgrund der strengen und konstanten Temperaturen wird kein oder nur sehr wenig Schmelzwasser gebildet, welches die Gleitbewegung andernfalls begünstigen könnte.

GEBIRGSGLETSCHER

Gebirgsgletscher sind zunehmend eingezwängt, verbannt in die höchsten Höhen der Gebirge. In den Alpen zum Beispiel liegt die klimatische Schneegrenze auf etwa 2800 bis 3200 Metern Höhe (auf der Nordseite des Gebirgszugs liegt sie etwas tiefer, auf der Südseite höher). In den tropischen Anden beginnt sie erst ab einem höheren Punkt, um die 6100 Meter. Und im östlichen Himalaja schließlich liegt sie bei zirka 5700 Metern. Je näher man den Polkappen kommt, desto tiefer sinkt die Schneegrenze logischerweise herab, weshalb sie in Skandinavien auf nur etwa 600 Metern verläuft und in Grönland bis auf bloße 150 Meter absinken kann.

Es gibt verschiedene Arten von Gletschern: *Talgletscher*, die von einem oder mehreren Becken gespeist werden, in welchen sich der Schnee ansammelt, und die in einer talwärts auslaufenden Zunge enden. *Plateaugletscher* oder *Eiskappen*, die Ähnlichkeit mit den Polkappen aufweisen und sich in flachen Kesseln ausbreiten, wie etwa der Adamello-Gletscher in Italien oder der Schweizer Plaine-Morte-Gletscher. *Piedmont-* oder *Vorlandgletscher* mit langen Zungen, die ganze Täler durchlaufen und sich an deren Ende, sehr weit von ihrem Entstehungsort, fächerförmig im Vorland ausbreiten. Hierzu gehören beispielsweise der Malaspina-Gletscher in Alaska sowie viele Hochgebirgsgletscher, die während der großen Vergletscherungen des Pleistozäns in den letzten zwei Millionen Jahren entstanden sind. Schließlich gibt es noch die *Kargletscher*, kleinere Eismassen, die teilweise das Endstadium früherer Gletscher darstellen und – wenn der Klimawandel unverändert voranschreitet – einen Ausblick auf die Zukunft der alpinen Gletscher bieten. Sie sitzen zu Füßen hoher Felswände und ernähren sich von den Schneefällen und Lawinen, die im Frühjahr über ihnen niedergehen.

Klimawandel: Weniger Eis, mehr Gletscher?

Kann der Klimawandel zu mehr Gletschern in unseren Gebirgen führen? Es sieht ganz danach aus, wobei das nicht unbedingt ein gutes Zeichen ist. Eine kürzlich durchgeführte Erhebung hat gezeigt, dass zwischen den fünfziger Jahren und heute die Zahl der Gletscher in Italien von 824 auf 896 gestiegen ist. Diese Daten sind jedoch mit Vorsicht zu genießen, da die Zunahme der Anzahl mit Einbußen von Volumen und Fläche der bestehenden Gletscher zusammenhängt: Die Gesamtfläche ist von 609 Quadratkilometern in den achtziger Jahren auf heute nur 368 Quadratkilometer geschrumpft. Wie konnte es dazu kommen? Der Rückzug der Gletscher in größere Höhen führt heute dazu, dass sie schmaler werden und schließlich in viele kleine Gletscher zerfallen, die sich im Schatten von Gebirgskämmen und -gipfeln festsetzen oder sich in bescheidene Talkessel in großer Höhe zurückziehen.

Experten zufolge nehmen auch die Gebirgsseen zu – eine Tendenz, die mit dem zunehmenden Rückgang der Gletscher weiter voranschreiten wird. Viele dieser kleinen Seen ruhen unmittelbar auf dem nackten Fels und schmiegen sich in Mulden, die von Gletschern gegraben worden sind. Zieht sich das Eis aus diesen Becken zurück, füllen diese sich mit dem dabei entstehenden Schmelzwasser von Schnee und Gletschereis. Der Triftgletscher in den Schweizer Alpen beispielsweise löst sich derzeit in einer Art Gebirgsbottich auf, und an seiner Stelle entsteht ein großer See voller kleinerer Eisberge. Fachleute prognostizieren, dass in den nächsten Jahren etwa 50 Quadratkilometer an für Talbewohner teils gefährlichen Hochgebirgsseen entstehen werden – allein in der Schweiz.

WIE MAN EINE SONNENBRILLE AUF EINEM GLETSCHER WIEDERFINDET

Wer in diesem Jahr zufällig seine Sonnenbrille auf einem Felsblock liegen lässt, der sich auf einem Gletscher befindet, muss sie nicht sofort abschreiben. Die Wissenschaft kann helfen, sie wiederzufinden – und dabei einen guten Grund liefern, im nächsten Jahr wiederzukommen.

Wer die folgenden Anweisungen befolgt, findet sie – mit einer Prise Glück – (fast genau) da wieder, wo er sie hinterlassen hat.

Wir haben bereits festgehalten, dass Gletscher sich sehr langsam abwärtsbewegen. Die Gletscher im Hochgebirge legen im Durchschnitt etwa 50 bis 100 Meter im Jahr zurück. Der erste Schritt besteht also darin herauszufinden, mit welcher Geschwindigkeit sich der fragliche Gletscher fortbewegt. Dazu genügen ein Browser und eine Internetsuche mit dem Namen des Gletschers in Verbindung mit dem Begriff *Glaziologie*. Das wird ohne große Mühen den Namen des einen oder anderen Experten liefern, der die entsprechende Information parat hat. Als Nächstes braucht man die genaue Stelle, an der man haltgemacht hat, um die Sonnencreme aufzufrischen, denn dort findet sich wahrscheinlich auch die Sonnenbrille. Ein eventuell eingeschaltetes GPS-Gerät könnte sogar die exakten Koordinaten der schicksalhaften Pause verraten. Folgt man von dort aus dem Verlauf des Gletschers gute 50 Meter (ohne etwaige Gletscherspalten zu übersehen!) und sucht nach dem entsprechenden Felsblock, wird man ihn mit ziemlicher Wahrscheinlichkeit wiederfinden und auf ihm, wer weiß, vielleicht auch die Sonnenbrille.

Selbstverständlich gibt es auch hier Ausnahmen: Hat man die kostbare Sonnenbrille nämlich während eines Grönlandurlaubs verloren und macht sich nun die Mühe, danach zu suchen, sollte man wissen, dass manche der dortigen Gletscher zu den schnellsten der Erde gehören. Der Jakobshavn Isbræ beispielsweise hat vor einigen Jahren eine Geschwindigkeit von 17 Kilometern im Jahr erreicht, was auch damit zusammenhängt, dass er in einem Fjord endet und sein Eis dort auf dem Wasser treibt, wodurch die Bewegung eines Gletschers beschleunigt werden kann. In einem solchen Fall gestaltet sich die Suche nach einer Sonnenbrille natürlich außerordentlich schwierig – statt sich auf die Wissenschaft zu verlassen, sollte man da eher auf sein Glück hoffen.

Das Leben auf einem Gletscher

Ach, Gletscher sind auch nicht mehr das, was sie einmal waren. Das klingt wie eine abgedroschene Redensart, aber auf gewisse Weise ist es die Wahrheit. Man sollte meinen, dass Gletscher aus dem reinsten Wasser bestehen, das man auf dem ganzen Planeten finden kann, aber so ist es nicht. Nicht mehr. Schon seit längerem finden Wissenschaftler immer wieder relativ hohe Konzentrationen von Schadstoffen auf immer mehr Gletschern. In einer Bohrung nahe dem Gipfel des Montblanc haben Forscher erhöhte Mengen von Blei, Zink, Kupfer und Cadmium im Eis gemessen. Einige Schwermetalle, wie Kupfer und Mangan, sind natürlichen Ursprungs, andere hingegen, wie Blei, Zink und Cadmium, sind eindeutig menschlicher Prägung. Zwischen 1960 und 1980 hat die Luftverschmutzung beunruhigende Ausmaße angenommen. Zahlreiche Schadstoffe wurden vom Wind bis auf die Gletscher getragen, wo sie bis heute im Eis eingeschlossen sind. Darunter finden sich sogar Substanzen, die heute verboten sind, wie etwa Dioxine oder bestimmte Verbindungen zur Kunststoffverarbeitung. Mit der Gletscherschmelze geht ein großer Anteil dieser ungewollten Luftpost zurück an den Absender: von Schwermetallen über Pestizide bis hin zu organischen Verbindungen.

Selbst der Permafrostboden – Boden, der das ganze Jahr über gefroren bleibt – beginnt aufzutauen, was ebenfalls Schadstoffe in den ökologischen Kreislauf freisetzt, die bislang im unterirdischen Eis festsaßen. Diesbezüglich darf nicht unerwähnt bleiben, dass einige Quellen, die sich aus dieser Schmelze speisen, nun Bleikonzentrationen aufweisen, die über dem Grenzwert für Trinkwasser liegen. Das erklärt, weshalb bestimmte Gebirgsseen die Grenzwerte für Blei überschreiten, die von der Weltgesundheitsorganisation (WHO) festgelegt worden sind: Diese Seen sind heute demnach gesundheitsschädlich! Aber wen soll man für diese Umweltverschmutzung zur Rechenschaft ziehen, deren Ursachen vielfältig sind und fernab der Gebirge vor zehn oder zwanzig Jahren ihren Ursprung genommen haben?

Fragt man einen Experten danach, wird dieser mit Sicherheit davon abraten, Gletscherwasser zu trinken. Wer dennoch so durstig ist, dass er gar nicht anders kann, bringt besser frisch gefallenen Schnee zum Schmelzen – die Luftverschmutzung ist heute längst nicht mehr so schlimm, wie sie vor zwanzig Jahren war. Am besten wäre es allerdings, eine Quelle aufzustöbern, die direkt aus dem Gestein sprudelt. Mit großer Wahrscheinlichkeit ist das die gesündeste Alternative.

Im Himalaja ist die Sachlage besonders ernst. Hier führt die Verschmutzung aus den indischen und chinesischen Städten zu einem Phänomen, das von Experten den unheilschwangeren Namen *brown clouds* (braune Wolken) erhalten hat. Diese Luftströme voller schädlicher organischer Verbindungen steigen durch die Täler des Himalaja empor und verschmutzen den Schnee auf den Gipfeln.

Kapitel 12

ZERDRÜCKTE BERGE

WIE HÄTTEN DIE ALPEN OHNE EISZEIT AUSGESEHEN?

Hätte ein Bergsteigerteam den Gipfel des Schweizer Berges Jungfrau vor 75 000 Jahren erklommen, wäre das sich ihm ringsum bietende Panorama ein gänzlich anderes gewesen als heute. Es finge schon damit an, dass die felsige Spitze aus einem sich endlos in alle Richtungen erstreckenden Eisschild geragt hätte. Nur hier und da wären einige Felsinseln zu sehen gewesen: die höchsten Gipfel des heutigen Gebirgszugs. Es hätte keine Spur gegeben von sanften Almen, tiefblauen Seen und pittoresken Felswänden, aus denen sich verwunschene Wasserfälle Hunderte von Metern in die Tiefe ergießen. Anstelle dieser wohlbekannten Inspirationen für zahllose Maler der Romantik hätte das Team vielmehr eine Landschaft wie an den Polkappen vorgefunden: Eis, Eis und nochmals Eis, wohin das Auge reicht, stellenweise Tausende Meter dick. Denn sie wären Zeuge einer der vier großen aufeinanderfolgenden Eiszeiten, oder genauer gesagt: Kaltzeiten, gewesen, die ihren Anfang vor etwa 650 000 Jahren genommen haben. Damals war die Durchschnittstemperatur des Planeten zirka 5 °C kälter als heute, die klimatische Schneegrenze lag um 1500 Meter tiefer. Die Alpen waren von einem immensen Eisschild bedeckt, und Städte wie Luzern, Bern, Zürich und Genf im Norden oder Mailand und Verona im Süden lagen unter Gletschern begraben. Die Erosionsmaschinerie von Gletschern der damaligen Größenordnung hat ihnen im wahrsten Sinne des Wortes den Weg bereitet und den Alpen die Gestalt verliehen, die wir heute noch sehen können.

Begeben wir uns noch weiter in die Vergangenheit, um einen Blick auf die topographische Karte zu werfen, die einige entfernte Vorfahren unserer oben erwähnten 75 000 Jahre alten Bergsteiger hätten in Händen halten können. Reisen wir also ganze 650 000 Jahre zurück, zu einem Zeitpunkt, an dem die vier großen Kaltzeiten noch in der Zukunft lagen. Damals hätte uns ein ganz anderes Landschaftsbild erwartet: Die Täler von Rhein und Rhône waren viel weniger tief eingeschnitten als heute, ebenso das Aostatal und das Pustertal, die um 800 bis 900 Meter höher lagen. Der Montblanc war 500 Meter niedriger, und wenn es überhaupt Gipfel mit mehr als 4000 Metern gab, dann nur sehr wenige. Und wie wir bereits gelernt haben, hätten sämtliche Täler anstelle der ausgehöhlten U-Form, die ein Gletscher hinterlässt, noch die typische V-Form gehabt, die Flüsse und Bäche graben.

Dass Gletscher für die Entstehung und Form der uns bekannten Täler verantwortlich sind, ist wohlbekannt, dass jedoch die Gipfel der Gebirge angeblich niedriger waren, klingt beinahe unlogisch. Schließlich wirken die Gletscher ja in erster Linie auf den Untergrund jener Täler, in die sie sich hineinwinden, während die höchsten Bergspitzen – also diejenigen, die aus dem Eisschild herausragen – vor der direkten Erosion durch die Gletscher verschont bleiben.

Diese Spielart der Erosion – auch *Glazialerosion* oder *Exaration* genannt – hat gewaltige Mengen an Material aus den Alpentälern abtransportiert und somit den Gebirgszug um einiges Gewicht »erleichtert«. Doch auch das Verschwinden der Eisschilde, unter denen die Alpen begraben lagen, hat die enorme Last der Eiskappen in nur wenigen Dutzend Jahrtausenden von den Schultern des Gebirges genommen. Die Kontinentalkruste, die auf der warmen und zähflüssigen inneren Schicht der Erde treibt, hat daher schnell begonnen, sich weiter zu erheben, wie eine Fähre, die nach und nach sämtliche Autos und Lastwagen an Land ablädt. Die aktuelle Erhebungsrate dieses Gebirgszugs ist also weniger dem Zusammenstoß des eurasischen und afrikanischen Kontinents zuzuschreiben, als vielmehr dem Schmelzen der Eiskappen des Pleistozäns, die seit etwa 650 000 Jahren und bis vor rund 11 000 Jahren die Alpen bedeckten. Da er hauptsächlich nach dem Schwund der großen Gletscher aufgetreten ist, ist der weitere Anstieg der Alpen genau genommen also der *Isostasie* zuzuschreiben, einem von Archimedes entdeckten Prinzip des Auftriebs, demzufolge ein leichter Gegenstand besser schwimmt.

Zusammengefasst erscheinen die Alpen auf einer topographischen Karte aus der Zeit vor den starken Vergletscherungen des Pleistozäns also als Gebirge mit sanfteren Zügen, weniger zerklüftet und mit nicht ganz so steilen Hängen. Die Gipfel ragen nicht so hoch empor wie heute, die Täler sind weniger tief und mit Sicherheit für Bergsteiger kaum verlockend. Unsere Bergsteiger vom Anfang, die vor rund 75 000 Jahren auf die Jungfrau geklettert sind, hätten mitten in der Kältezeit hingegen eine topographische Karte vorzeigen können, die ausgesehen hätte wie das heutige Grönland ohne das darum liegende Meer.

Heute lässt sich an der skandinavischen Halbinsel und der Ostsee, wo der Boden in hundert Jahren um einen Meter steigt, die isostatische Hebung noch besser beobachten, die auf das Schmelzen der Eiskappen aus dem Pleistozän zurückzuführen ist.

Zum Abschluss ein kleiner Exkurs. Wissenschaftlern zufolge wird bis zum Jahr 2100 die durchschnittliche Temperatur im Alpengebiet um bis zu 4 °C ansteigen. Eine ganz ähnliche Temperaturveränderung, allerdings ins Negative, hat die Kältezeiten hervorgerufen, während derer Europa aussah wie Sibirien. Dieser Wandel wird jedoch binnen eines, höchstens zweier Jahrhunderte eintreten, nicht erst innerhalb von Jahrtausenden. Welche Auswirkungen er auf das alpine Ökosystem haben wird, lässt sich kaum absehen.

Alpen, Exorzismen und eine kleine Kältezeit

Das europäische Klima war vom 17. Jahrhundert bis etwa zur Hälfte des 19. Jahrhunderts entschieden kühler als heute. Die durchschnittlichen Temperaturen waren verglichen mit dem 20. Jahrhundert etwa um 1 °C kälter, doch schon diese geringe Differenz reichte aus, um die Alpen in ein karges Gebiet zu verwandeln.

In wenigen Jahrhunderten nahm das Volumen der Gletscher zu, während sie sich immer weiter in die Tiefe vorwagten. Der Aletschgletscher, der größte seiner Art in den Alpen, reichte ganze drei Kilometer weiter ins Tal hinab als heute. Einige Gletscher bewegten sich so rapide vorwärts, dass in manchen Tälern in Frankreich, Italien und der Schweiz die Einwohner in Sorge gerieten. Der Glacier des Bossons, ein Gletscher im französischen Chamonix-Tal, schien regelrecht von Dämonen besessen: Manchmal fiel er in das Tal ein, wo er die Almen verheerte und die Bewohner zur Verzweiflung trieb; dann wieder zog er sich in die Höhe zurück und behelligte eine Zeit lang niemanden. Nach einem erneuten Vorstoß des Gletschers veranstalteten 1664 etwa 300 Talbewohner eine lange Prozession, um den Dämon aus dem Gletscher zu vertreiben. Offenbar reichte das jedoch nicht aus, denn 1690 intervenierte der Bischof von Genf, Jean d'Arenthon d'Alex, und vollführte einen waschechten Exorzismus unmittelbar vor dem verfluchten Gletscher. Auch in den nachfolgenden Jahrzehnten wurden die weiteren Vorstöße und Rückzüge des Gletschers stets von Prozessionen begleitet, bis der Teufel sich um 1850 entschloss, die Einwohner in Frieden zu lassen, und dem Gletscher endlich den Rücken zukehrte.

Zur selben Zeit begann auch der große Rückgang vieler anderer Gletscher. Das Klima wurde zunehmend wärmer, vermutlich aufgrund eines Anstiegs der Treibhausgase infolge der industriellen Revolution. Viele Gletscher in den Alpen, in Alaska, Skandinavien, Neuseeland und in den Anden verloren an Volumen und zogen sich in den Schutz der Gebirgskämme zurück. Von 1850 bis etwa in die siebziger Jahre des vergangenen Jahrhunderts hat die Alpenkette zirka 35 % ihrer Gletscherflächen eingebüßt. Dieser Rückgang schreitet weiter voran: Im Jahr 2000 wurden neue Daten erhoben, denen zufolge die von Gletschern bedeckte Fläche etwa auf die Hälfte des Werts von 1850 geschrumpft ist – auf 2270 Quadratkilometer heute gegenüber den 4470 Quadratkilometern damals.

Um in der jüngeren Geschichte der Erde ähnliche Temperaturen wie heute zu finden, muss man bis ins Neolithikum zurückgehen, in die Bronzezeit, also etwa 5000 Jahre in die Vergangenheit. Oder zumindest bis ins Mittelalter, während dem der Rückgang der Gletscher jedoch weniger rasch voranschritt als heute und die Temperatur im Gebirge folglich zwar wärmer, aber auch stabiler war. Dafür geben die Gletscher heute Artefakte und Funde wie den sagenumwobenen Ötzi preis, die damals bei der Überquerung der Alpenpässe verloren gegangen sind oder aufgegeben wurden. Aus ihnen wiederum lässt sich auf mildere Temperaturen schließen sowie auf weniger ausgeprägte Gletscher.

ROCK AND SLIDE: WIE KOMMT ES ZU EINEM ERDRUTSCH?

Als *Erdrutsch* bezeichnet man einen Teil eines Hangs oder einer Felswand, der in die Tiefe stürzt. Weshalb es dazu kommt? Zu den Hauptverantwortlichen gehören sicherlich Regen und andere über das Gestein fließende Wasser, aber sie sind nicht die einzigen Verursacher. Tatsächlich können auch Erdbeben einen Erdrutsch auslösen, ebenso Brände oder Eingriffe des Menschen.

Die Familie der Erdrutsche oder *Rutschungen* ist sehr weitläufig, komplex und überaus laut. Sämtliche Angehörigen vorzustellen wäre eine wahrlich mühsame Angelegenheit. Einige grundlegende Äste des Stammbaums lassen sich jedoch ohne weiteres benennen. Da wären zunächst Bewegungen des Typs *Fallen* oder

Kippen, die sich lautstark bemerkbar machen, wenn Gesteinsblöcke an exponierter Position aus dem Berg herausbrechen und im freien Fall abstürzen – beispielsweise wenn ein Fels durch zahlreiche Auftau-Einfrier-Zyklen aus dem Hang gelöst und isoliert wird. Weiter geht es mit dem *Rutschen* bei Rotations- oder Translationsrutschungen: Wenn die Oberfläche eines Hangs eine Schwachstelle aufweist, über die beispielsweise Wasser eindringt, kann dieses die Kontaktfläche zwischen dem oberflächlichen Gestein oder Erdreich und dem festen Untergrund lockern und gewissermaßen »schmieren«, was eine Rutschung zur Folge hat. Neben diesen beiden Typen darf man keinesfalls das *(laterale) Driften* unerwähnt lassen. Hierbei ruht ein fester Bestandteil des Hangs auf einer plastisch verformbaren oder aufgeschwemmten Erdschicht, in welcher es zu Verflüssigungserscheinungen kommt. Zu guter Letzt bleibt noch das *Fließen*. Dazu kommt es meistens nach reichlichen Regenfällen. Hat das Erdreich oder eine Geröllhalde am Fuß einer Felswand sich mit Wasser vollgesaugt, gerät eine große Menge des Materials in heftige Bewegung und nutzt häufig natürliche Kanäle für seinen Abgang.

Wo ein Berg ist (und sei es nur ein Hügel), ist auch ein Erdrutsch. Saugt ein lehmiger Boden sich mit Wasser voll, genügt schon ein geringes Gefälle, um einen Erdrutsch auszulösen. In der Vergangenheit gab es jedoch nicht nur katastrophale Ereignisse gigantischen Ausmaßes, sondern auch erdrutschartige Entwicklungen von erstaunlicher Langsamkeit.

Geologen sind heute in der Lage, Anzeichen für uralte Rutschungen zu erkennen, die längst von der Vegetation und den unterschiedlichsten Veränderungen der Landschaft verdeckt worden sind. In den Schweizer Alpen beispielsweise finden sich Spuren eines riesigen prähistorischen Erdrutschs, der sich vor rund 10 000 Jahren ereignet hat und den Laien wahrscheinlich niemals als solchen erkennen würden. Der erfahrene Blick eines Experten kann die seltsamen Formen jedoch entziffern, die in der Nähe von Flims die Landschaft durchziehen, in der sich heute der Rhein ein tiefes Tal gegraben hat. Eine echte Herausforderung, denn zwischen der Bruchstelle und der Talsohle liegen etwa 1000 Meter Höhenunterschied – das abgestürzte Material beläuft sich auf rund 13 Kubikkilometer, genug, um den Comer See zur Hälfte aufzufüllen.

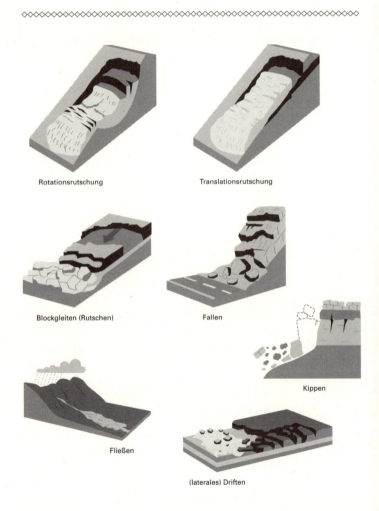

Abbildung 4 – Die wichtigsten Rutschungs- bzw. Bewegungstypen

KANN MAN ERDRUTSCHE VORHERSAGEN?

Das kommt darauf an. Das wichtigste Hilfsmittel zur Vorhersage von Rutschungen jeder Art ist eine genaue Kenntnis der Geographie. Erdrutsche, die Schäden hervorrufen, ereignen sich oft an Stellen, die in gewisser Weise dafür »vorherbestimmt« sind – also an Orten, an denen ein Geologe damit rechnen kann, weil die Geologie, die Morphologie und das Klima bereits darauf hinweisen. Es ist hingegen selten – wenngleich natürlich nicht unmöglich –, dass es an »unverdächtigen« Stellen zu einem Erdrutsch kommt. Schon allein die Neigung eines Hangs kann als Hinweis gelten, Experten zerbrechen sich jedoch vor allem über die geologische Struktur des Unterbodens den Kopf, etwa der von Ebenen, entlang derer Regenwasser einsickern kann, das dann eine Erdschicht verflüssigt, die in trockenem Zustand fest wäre – eine Veränderung, die bis in die Tiefe des Erdreichs hineinreichen kann.

Im Gegensatz zu manch anderen Phänomenen, wie beispielsweise einem Erdbeben, senden Erdrutsche oft bestimmte Signale aus, die es Geologen gestatten, die Behörden zu warnen. Kleine Risse in einer Straße beispielsweise können ein solches Indiz darstellen: Aus welchem Grund entstehen sie gerade jetzt? Aber auch quer verlaufende Risse an Berghängen, die mit der Zeit minimal zunehmen, sind Anzeichen für ein Nachgeben, das eines Tages auf fatale Weise in Fahrt kommen könnte. Deshalb werden manche solcher Stellen sogar ununterbrochen überwacht, beispielsweise über GPS.

Wasser spielt in diesem Zusammenhang eine entscheidende Rolle, sei es, weil es in Klüfte eindringt und von innen Druck aufbaut oder weil es einen sandigen Boden verflüssigt. Da Wasser einer der Hauptverantwortlichen für Rutschungen verschiedenster Art ist, greifen Geologen und Ingenieure mit Vorliebe auf vorbeugende Schutzmaßnahmen zurück, um es von vornherein von den Stellen fernzuhalten, an denen es einen Erdrutsch hervorrufen könnte. Da außerdem die meisten verheerenden Erdrutsche als Folge starker Regenfälle auftreten, haben die zuständigen Experten immer auch ein wachsames Auge auf den Wetterbericht. Dafür nutzen sie beispielsweise Geräte, die in Echtzeit die Daten eines ganzen Netzwerks an Niederschlagsmessern auswerten. Die Niederschlagsmesser sind auf einen Schwellenwert eingestellt, jenseits dessen die Wahrscheinlichkeit deutlich steigt, dass in einem bestimmten Gebiet Erdrutsche auftreten. Wird diese Schwelle überschritten, kann ein Alarm bei den verantwortlichen Stellen ausgelöst werden. Andere Geräte überwachen etwa bereits existierende Risse im Gestein und geben im Zweifelsfall (oft per Funk) eine Warnung weiter, wenn deren Größe in beunruhigendem Maße zunimmt.

Pflanzen bilden mit ihren Wurzeln eine Art natürlichen Käfig, der das Erdreich zumindest an seiner Oberfläche einschließt und ihm damit Stabilität verleiht. Schon allein als Hindernis für abfließendes Regenwasser verlangsamen sie die Fließgeschwindigkeit an Hängen und verringern somit das Erdrutsch- und Hochwasserrisiko.

GRÜNE BERGE

DER ÄLTESTE BAUM DER WELT

Nadelbäume sind Erdenbewohner vom ganz alten Schlag, die all die verschiedenen geologischen Abenteuer des Planeten gut überstanden haben. Bereits vor mehr als 300 Millionen Jahren haben sie die Kontinente erobert und machen seitdem keine Anstalten, sich wieder zurückziehen zu wollen – ein deutliches Indiz dafür, dass ihre Anpassungsstrategien recht erfolgreich sind. Der größte lebende Organismus unter den Nadelhölzern ist der Sequoia, ein Baum mit einem Umfang von 26 Metern und dem Gewicht von einem Dutzend Linienjets.

Einige Nadelbäume weisen ein extrem rasches Wachstum auf, andere wiederum sind unglaublich langsam. Einige Kiefern erreichen die Reife nach nur 30 bis 50 Jahren, während andere, wie etwa die Westliche Grannen-Kiefer (*Pinus longaeva*, die langlebige Kiefer), in einem Jahrzehnt nur um wenige Millimeter wachsen. Diese Bäume scheinen die Ruhe wegzuhaben, doch leben sie auch wirklich lange. Das älteste bekannte Exemplar befindet sich in den White Mountains in New Hampshire und ist ungefähr 5065 Jahre alt. Dieser Baum existierte also bereits, als die Menschheit noch in den Kinderschuhen steckte und gerade damit anfing, auf Land und Klima einzuwirken, die ersten Felder bewässerte und bewirtschaftete und mit den frühesten kalligraphischen Zeichen herumspielte, die später zur Verbreitung der Schrift führen sollten.

Insgesamt zählt man heute 550 verschiedene Nadelbaumarten, die hauptsächlich auf der Nordhalbkugel verbreitet sind. Das liegt daran, dass sie besonders gut an kühle Klimazonen angepasst sind, in denen die Wachstums- und Fortpflanzungsphasen eher kurz sind.

WIESO VERLIEREN LÄRCHEN IHRE NADELN, KIEFERN ABER NICHT?

Weshalb tragen Nadelbäume eigentlich Nadeln anstelle von großen, flachen Blättern? Jemand, der in den Bergen schon von zahlreichen Unwettern überrascht worden ist, mag es kaum glauben, aber eines der Hauptprobleme von Gebirgspflanzen ist der Wassermangel. Ein Großteil der Niederschläge, etwa im Winter, besteht aus Schnee, und da Nadelbäume diesen nicht schmelzen können, müssen viele von ihnen oft monatelang ohne flüssiges Wasser auskommen. Ihre Lage wird besonders schwierig, geradezu unerträglich, wenn die Sonne ihre Wipfel aufheizt, während das Wasser im Boden noch gefroren ist. So kommt es zur gefürchteten *Frosttrocknis* oder *Winterdürre*: Der Baum verliert Feuchtigkeit an die Sonne, kann jedoch kein Wasser aus dem Boden ziehen, um diesen Verlust auszugleichen. Etwas ganz Ähnliches ereignet sich aber auch im Sommer, wenn es aufgrund der starken Sonneneinstrahlung und der hohen Temperaturen – die zudem oft Brände auslösen – schlicht nicht genug Wasser gibt, das die Pflanzen aufnehmen könnten. Denn in vielen bewaldeten Gebieten ist der Boden nicht stark ausgeprägt und erreicht eine Tiefe von nur wenigen Metern, manchmal auch bloß Dezimetern. Darunter befindet sich meist nur nackter Fels. Aus diesem Grund wurde die Nadel evolutionär verpflichtend für alle, die Wasser sparen müssen: Schmale Blätter sind hier nämlich besser als breite, weil eine geringere Blattoberfläche gleichbedeutend ist mit weniger Transpiration. Die Nadeln einer Kiefer sind zudem noch mit einer wasserundurchlässigen Wachsschicht überzogen, die zusätzlich der Austrocknung entgegenwirkt.

Lärchen haben hingegen eine andere Strategie gewählt. Um der Strenge des Winters widerstehen zu können, entledigen sie sich ihrer Nadeln – ohne Nadeln kein Wasserverlust. Diese Taktik hat natürlich auch ihre Grenzen und birgt das eine oder andere Risiko. Ganz auf die Nadeln zu verzichten macht es notwendig, zur raschen Ausbildung einer neuen Generation von Nadeln bereit zu sein, sobald der Frühling anbricht. In den Bergen ist die warme Jahreszeit ja bekanntlich viel kürzer als in der Ebene, weshalb in nur wenigen Monaten alles über die Bühne gegangen sein muss: Wachstum, Fortpflanzung und Vorbereitung auf den nächsten Winter. Für die Lärche kann ein verzögerter Frühlingsanfang daher schnell zu einem großen Problem werden, während die Kiefer damit viel entspannter umgehen kann. Dank ihres immergrünen Nadelkleids kann sie bereits lange vor der Lärche Frühlingsluft schnuppern. Wissenschaftlich ausgedrückt bedeutet das, dass die Nadeln der Kiefer viel früher mit der Photosynthese beginnen können als die der Lärche.

Aber nicht nur im Hinblick aufs Wasser haben Nadelbäume sich den Bergen angepasst. Kiefern und Lärchen bieten mit ihren jeweiligen Nadeln dem Wind viel weniger Widerstand als Laubbäume, was in der kargen Umgebung des Gebirges einen weiteren Vorteil darstellt.

WESHALB WÄLDER GESUND MACHEN

Vor einigen Jahren nahmen Forscher von der University of California in einigen Wäldern der Sierra Nevada Luftproben. Sie wollten damit herausfinden, ob ein Waldspaziergang tatsächlich so gut für die Gesundheit ist, wie es der Volksglaube im Allgemeinen behauptet. Denn wenn auch nur ein Quäntchen Wahrheit an dieser Geschichte war, dann musste man doch auch irgendetwas

Besonderes an der Waldluft entdecken können. Nur hatte sich bisher niemand die Mühe gemacht, danach zu suchen.

Und so wurden in einer für ihre von Tannen, Sequoien und Zedern durchzogenen Wälder bekannten und von Wanderern geschätzten Gegend auf einer Höhe von 1650 Metern Luftproben genommen. Mit speziellen Glasröhren fingen die Wissenschaftler in 14 Metern Höhe und am Boden geringe Mengen Luft ein, um sie anschließend einer chemischen Analyse zu unterziehen. Die Ergebnisse zeigten, dass die Proben rund 120 Verbindungen enthielten, die fast ausnahmslos biologischen Ursprungs waren und von der Vegetation stammen mussten. Ermutigend war, dass so gut wie keine vom Menschen produzierten chemischen Stoffe entdeckt werden konnten. Die Wissenschaftler mussten jedoch auch zugeben, von den vorgefundenen Verbindungen nur 70 zu kennen. Für die Wanderer bedeutete das Ergebnis der Untersuchung folglich, dass sie stundenlang ihre Lungen mit einem zu großen Teilen unbekannten Gasgemisch füllten.

Welche Auswirkungen aber eine Wanderung in Verbindung mit einem solchen unbekannten Gasgemisch auf die menschliche Physiologie hat, lässt sich nicht mit Bestimmtheit sagen. Sicher ist nur, dass in unserer Kultur die Wertschätzung für die Luft ein wenig verloren gegangen ist. Das ist freilich nicht überall der Fall. In Japan wird beispielsweise dem klassischen Waldspaziergang durchaus eine therapeutische Wirkung zugesprochen. Dort nennt man ihn *shinrin yoku*, was so viel heißt wie »Waldbaden«. Einige japanische Wissenschaftler haben sogar herausgefunden, dass während solcher Spaziergänge im Schatten der Bäume bei Diabetikern der Blutzuckerspiegel drastisch sinkt.

Viele der entdeckten organischen Verbindungen sind recht kurzlebig und bleiben nur einige Minuten erhalten, maximal ein paar Stunden. *Pinen* ist einer der am weitesten verbreiteten von den bekannten Stoffen. Man findet ihn im Harz und in den Zweigen und Knospen von Nadelbäumen, und er wird in vielen pflanzlichen Heilmitteln, aber auch in Insektiziden und Kunstharzen verarbeitet. Pinen gehört zur großen Familie der *Terpene*, die

23 000 natürlich vorkommende Kohlenwasserstoffe umfasst. Zu diesen gehören etwa die *ätherischen Öle* der Pflanzen sowie ein Stoff mit dem Namen *Limonen*, dem vielleicht bekanntesten Terpen, das zudem eine schmerzstillende Wirkung hat. Experten zufolge hat das Einatmen einiger dieser Terpene eine nachweislich positive Auswirkung auf die Psyche des Menschen. So stimuliert etwa die Inhalation des ätherischen Öls der Zitrone die Produktion von Acetycholin, eines Moleküls, das die Kommunikation zwischen Nervenzellen fördert, die für das Denken und unser Gedächtnis wichtig sind.

Die von den Bäumen hergestellten organischen Verbindungen geben uns dennoch weiterhin viele Rätsel auf. Bislang ist in vielen Fällen noch nicht einmal klar, welche Funktion sie für den Organismus des Baumes selbst wahrnehmen, der sie produziert. Manche könnten beispielsweise zum Schutz gegen Schädlinge dienen, andere wiederum könnten bestimmte Insekten anziehen, die sich von Schädlingen ernähren. Manche könnten auch einfach nur Abfallprodukte sein, wie die berüchtigten Toxine, die Menschen über ihren Schweiß absondern. Aber auch ohne ihren ursprünglichen Zweck zu kennen, verdienen die Anwendungsmöglichkeiten dieser Stoffe größere Aufmerksamkeit. Auch das japanische *shinrin yoku* müsste genauer untersucht werden, um seinen Nutzen als Therapie besser bewerten zu können. Bisher hat die westliche Medizin jedoch die Forschung zu den Effekten der Inhalation von Terpenen nicht weiter vorangetrieben, was natürlich mit der Tatsache zusammenhängen könnte, dass man sich die Luft eines Gebirgswaldes (bisher) nicht patentieren lassen kann. Für alle, die ihre Wirkung schon jetzt einmal tief einatmen möchten, gibt es jedoch eine bessere Lösung als das nächstbeste Regal für Naturheilmittel: Angesichts der kurzen Lebensdauer vieler dieser chemischen Verbindungen sollte man sich lieber einen Wanderweg im Gebirge suchen, der durch einen schönen Wald voller Kiefern und Lärchen führt.

GEBIRGSBLUMEN SAGEN MEHR ALS TAUSEND WORTE

Man sagt, im Gebirge findet man die schönsten Blumen – aber handelt es sich bei dieser Bauernweisheit auch um die Wahrheit? In gewisser Weise wohl schon, da diese Blumen meist die auffälligsten ihrer Art sind, was wahrscheinlich evolutionäre Gründe hat. Vergleicht man zwei Pflanzen aus derselben Familie, von denen eine aus dem Hochgebirge und die andere aus dem Tiefland stammt, so fällt auf, dass die Blüten der ersten deutlich größer und auffälliger sind als ihr Stängel und ihre Blätter: Sie möchte keinesfalls übersehen werden und greift daher zu reichlich Makeup. Eine Blume im Hochgebirge investiert ganze 34 % ihrer Biomasse in Blüten, die aus tieferen Lagen hingegen nur rund 13 %.

Weshalb aber ist das so?

In erster Linie liegt es daran, dass die Fortpflanzungsphase im Gebirge recht kurz ausfällt. Möchte man da als Lebewesen eines seiner Hauptziele erreichen, nämlich sich fortzupflanzen, hat man höchstens zwei Monate und muss sich daher richtig ins Zeug legen. Eine Blume hat folglich vor allem die Aufgabe, so schnell wie möglich ein Insekt anzuziehen, das sie bestäubt. Also weg mit den Blättern, die sehr klein ausfallen und vorrangig dazu dienen, vor Wind und Strahlung zu schützen, und her mit den prächtigen, großen Blüten. Das zumindest ist die Strategie des Gletscher-Hahnenfußes (*Ranunculus glacialis*) und der Allionis Glockenblume (*Campanula alpestris*), deren Blüten neben ihren Blättern geradezu riesig erscheinen.

Die zweite Ursache der Blütenpracht in Hochlagen liegt im Wind, der im Gebirge als Faktor keinesfalls unterschätzt werden darf. Ihn zu nutzen, um den eigenen Pollen zu verteilen, wie es so manche Pflanze in der Ebene handhabt, wäre im Gebirge zu riskant. Denn dafür ist unter anderem die Vegetation zu dünn gesät, und ein Großteil des Pollens würde verloren gehen. Jedoch stellen hierbei die alpinen Matten einen Sonderfall dar, da auf ihnen die einzelnen Pflanzen näher beieinander wachsen und der im Allgemeinen mildere Wind durchaus ein gutes Transportmittel für Pollen abgibt. Doch wer weiß, wo der Pollen eines Alpenpflänzchens aus den Hochlagen landen würde, sollte der stürmische Wind ihn in die Fänge kriegen! Da verlässt man sich besser auf Insekten, die zweifelsohne präziser arbeiten und daher das in sie gesetzte Vertrauen auch verdienen. An besonders windigen Tagen hüten sich allerdings auch sie davor abzuheben, um nicht kilometerweit fortgeweht zu werden. Das ist ein weiterer Faktor, der die tatsächlich für die Fortpflanzung nutzbaren Tage reduziert.

ÜBERLEBENSSTRATEGIEN AM BERG

Die Pflanzen mit dem schönen Namen *Silene acaulis* sind Bergbewohner, wie sie im Buche stehen, da sie sich auf geradezu überwältigende Weise ihrem Lebensraum angepasst haben. Fest und kompakt, unaufdringlich, aber entschlossen klammern sie sich in kleinen Kolonien, sogenannten Polstern, in Bereichen fest, die andere Pflanzen verschmähen: namentlich auf Felsblöcken, Geröllhalden und Kalkböden. In den Alpen und auf dem Apennin wachsen sie ab etwa 2000 bis 2200 Metern Höhe. Die verschiedenen Arten ähneln sich untereinander und sind als *Polsternelke* recht bekannt. Die namensgebende Form, das Polster, schützt ganz vorzüglich vor Wind und Kälte. Die Pflanze erschafft sich einen eigenen Mikrokosmos: Unter einem Regenschirm aus kleinen Blättern, deren geringe Größe das Verhältnis von Volumen und einer der Luft ausgesetzten Oberfläche möglichst gering halten soll und somit auch die Transpiration entschleunigt, schafft sie sich einen fruchtbaren Boden aus den Überresten der eigenen Blätter. Sie stellt sich also ihren eigenen Humusboden her und schützt ihn durch ihre kompakte Polsterform und den Blätterschirm, der auch ihre Wurzeln vor Frost bewahrt. Als Pflanze ist sie damit wirklich überaus spezialisiert, und während einige ihrer Arten kalkhaltige Böden bevorzugen (*Silene acaulis*), suchen sich andere lieber einen kiesartigen Untergrund (*Silene excapa*).

WENN DAS EIS SICH ROSA FÄRBT

Wer bereits in der glücklichen Lage war, einen Gletscher zu besichtigen oder gegen Ende des Sommers auf einem hochgelegenen Schneefeld umherzuschlittern, hat dabei vielleicht schon mal einige Schneeflecken erblickt, die von einer rosafarbenen bis rötlichen Schicht bedeckt zu sein schienen – ein Phänomen, das man *Blutschnee* nennt und das sich der *Chlamydomonas nivalis* verdankt, einer einzelligen Grünalge. Diese im Wasser lebenden Mikroorganismen findet man beinahe überall, von den Ozeanen bis hin zu unserem Gletscher.

Algen auf einem Gletscher und im Schnee? Ganz recht: Mikroskopisch klein, wie sie nun einmal sind, müssen sie wohl von einem nicht allzu weit entfernten Gewässer auf den Schnee geweht worden sein. Nur weil sie winzig sind, heißt das nicht, dass sie nicht auch überaus anpassungsfähig wären, weshalb sie sich innerhalb kürzester Zeit selbst auf gefrorenen Oberflächen ansiedeln können, an denen sich im Sommer auch immer flüssiges Wasser findet.

Ihre Rosafärbung ist ein Verteidigungsmechanismus gegen ultraviolette (UV) Strahlung, da das an der Photosynthese beteiligte Pigment Chlorophyll, das auch die grüne Farbe von Blättern bewirkt, zwar einen hohen Anteil der Strahlung im sichtbaren Spektrum absorbiert, jedoch nicht die UV-Strahlen aufnimmt, die daher bis in die Zellen vordringen und dort Schäden verursachen können. Dabei handelt es sich übrigens um genau dieselben UV-Strahlen, vor denen auch wir uns schützen, weil wir um ihr zerstörerisches Potenzial wissen. Im Gebirge ist die UV-Strahlung zudem viel intensiver als im Tiefland. Weil also die Algen

Abbildung 5 – Silene acaulis mit typischem Polster

◇◇

keine schützende Sonnencreme zur Verfügung haben, haben sie sich darauf verlegt, orangene Pigmente zu produzieren, sogenannte Carotinoide, die UV-Strahlen absorbieren können, wozu das Chlorophyll nicht in der Lage ist.

Außer den roten Algen haben auch einige Pflanzen diese Verteidigungsstrategie gegen UV-Strahlen entwickelt, deren Blätter eher ins Rote gehen, sowie einige Krustentiere in Gebirgsbächen.

BEWOHNER DER BERGE

WESHALB DER ALPENSTEINBOCK (FAST) NIE ABSTÜRZT

Wenn wir uns einen Steinbock vorstellen, dann sehen wir ihn meist auf einem Felsvorsprung stehen, hinter ihm die blassen Umrisse eines schneebedeckten Gebirges. Und dieses Bild ist keineswegs ein Überbleibsel irgendwelcher Legenden, sondern entspricht voll und ganz der Realität. Der Alpensteinbock, auch Gemeiner Steinbock genannt, ist viel lieber in der Felswand unterwegs als auf einer saftigen Alm. Begegnet man ihm doch mal auf einer großen grünen Wiese, wirkt er in den meisten Fällen etwas unsicher, fast schon verlegen, da er keinen Steilhang oder zumindest einen Felsblock im Rücken hat, auf den er sich mit einem Satz retten könnte. Denn sein Körper und seine Instinkte sind das Ergebnis der natürlichen Auslese und maßgeschneidert für das Leben im Fels.

Er hat vier kurze, stämmige Beine, die es ihm ermöglichen, zu springen und seinen Schwerpunkt gleichzeitig tief zu halten. Sein muskulöser Körper ist vielleicht etwas weniger geschmeidig als der der Gämse, aber trotz seiner großen Kraft behält er die perfekte Kontrolle über seine Bewegungen: bei Sprüngen von bis zu fünf Metern genauso wie bei winzigen, präzisen Schritten. Immerhin sollte man nicht das Gleichgewicht verlieren, wenn man senkrecht in der Felswand turnt. Wirklich außergewöhnlich sind schließlich die Hufe. Die äußeren Ränder, die Schalen, sind hart und geschliffen und finden auf jeder noch so kleinen Unebenheit im Fels Halt, während die inneren Hufballen mindestens so weich sind wie die von Bergsteigern verwendeten Kletterschuhe aus Gummi. Die beiden Hufe an jedem »Fuß« entsprechen im Grunde der dritten und vierten Zehe und sind unabhängig voneinander beweglich. Ein Steinbock kann sich also auf zwei Erhebungen des Bodens gleichzeitig halten, was wiederum bedeutet, dass er in bestimmten Fällen mit vier Beinen auf acht verschiedenen Punkten stehen kann. Dank dieser Anpassungen purzelt ein solches Tier verständlicherweise außerordentlich selten von einem Felsen, aber ganz unmöglich ist es nicht. Tatsächlich erzählt man sich von Steinböcken, die über 30 Meter an steilen Felswänden abgestürzt sein sollen – nur um sich anschließend aufzurappeln und mit großen Sprüngen den Hang zu erklimmen, als wäre nichts gewesen.

Vergleichen wir den Steinbock einmal mit der Gämse. Diese verfügt über Hufe, die aus noch härterem Horn bestehen, deren Ballen aber weniger elastisch sind als die des Steinbocks. Zwischen den beiden Hufteilen befindet sich eine Membran, dank derer sie im Schnee gespreizt werden können, bis die Gämse über eine Art Schneeschuh an jedem Bein verfügt. Sie hat längere, schmalere und beweglichere Beine, die besser dazu geeignet sind, über grasbewachsene Hänge zu rennen, und auch im Winter das Laufen im Schnee erleichtern. So geschickt sie auch rennt und springt, erreicht sie im langsamen Gehen am Berg doch nicht die Präzision des Steinbocks.

GIBT ES LEBEN AUF DEM EIS?

Unberührt, doch lebensfeindlich, so stellen wir uns vereiste Landschaften vor. Die Wahrheit ist natürlich eine ganz andere, und tatsächlich beginnen Biologen auch die Gletscher als eigenes Ökosystem zu betrachten, ganz so wie einen Wald oder einen See. In diesem Ökosystem tritt das Leben im Schmelzwasser des Eises auf, und es finden sich Organismen darin (beispielsweise Bakterien), die zur Photosynthese fähig sind.

Wer diesen Lebensraum einmal in Augenschein nehmen möchte, muss beim nächsten Sommerausflug an einen Gletscher nach kleinen Mulden und Löchern in seiner Oberfläche Ausschau halten. Bei genauem Hinsehen lässt sich darin ein gräulicher Schlick oder das eine oder andere Steinchen ausmachen. Höchstwahrscheinlich hat genau dieses kleine Gesteinsfragment sich unter den Strahlen der Sonne erwärmt und dunkel verfärbt und so das Eis um sich zu einer kleinen Nische geschmolzen: zu einem handfesten sommerlichen Minisee. In der winzigen Menge an geschmolzenem Wasser kann ein von mikrobiellem Leben überschäumender Mikrokosmos voller Organismen existieren, die sich an einen Lebensraum angepasst haben, den nur die wenigsten Lebensformen meistern könnten. Diese Mulden, welche von den Biologen den schönen Namen *Kryokonitlöcher* erhalten haben, stellen ein ganz neues Forschungsgebiet dar. Der hohe Anpassungsgrad dieser Mikroorganismen an einen extremen Lebensraum sowie die Kenntnis der dabei zur Anwendungen kommenden Strategien könnten in der Industrie Verwendung finden, etwa in der Pharmakologie. So wurden zum Beispiel bei der Untersuchung einer Kryokonitprobe aus dem norwegischen Spitzbergen, die bei –20 °C gefroren war, 27 verschiedene Arten von Kieselalgen entdeckt.

Aber wie gelangen diese Bakterien bis auf den Gletscher? Experten zufolge werden sie in den meisten Fällen vom Wind dorthin getragen; es kann aber auch geschehen, dass Bakterien im Flug in eine Wolke gelangen und dort als Kondensationskern für Schneekristalle fungieren, wobei sich rings um sie ein Schneekristall bildet. Anschließend schneien sie gewissermaßen elegant auf den Gletscher hinab, wo sie geduldig auf den Sommer und die damit verbundene Schneeschmelze warten. Doch ist das nur der Beginn einer ganzen Reihe von Entwicklungen, da das Bakterium sich in der Nahrungskette ganz am Anfang befindet und auch Kryokonite mit ihrem bakteriellen Gehalt in der Nahrungspyramide ziemlich weit unten stehen. Schließlich binden sie Stickstoff und CO_2 und lösen so einen Kreislauf aus, in dessen Verlauf Nährstoffe gebildet werden, die über das Eis des Gletschers schließlich ins Tiefland gelangen. Diese Nährstoffe können in einem Gebirgssee landen und als Nahrung für das dort lebende *Zooplankton* dienen, also für im Wasser lebende Organismen, wie beispielsweise kleine Krustentiere oder Insektenlarven. Diese wiederum werden von kleinen Fischen verspeist, und der Kreislauf setzt sich fort. Relativ weit oben in der Nahrungskette sitzen schließlich wir, auf dem Teller eine köstliche Seeforelle, die sich über einige Umwege von unseren Gletscherbakterien ernährt hat.

AUCH GLETSCHER HABEN FLÖHE

Auf dem Gletscher können wir neben Bakterien auch dem Gletscherfloh begegnen (*Isotoma saltans*), einem großen Liebhaber von Schmelzwasser. Er ist nicht länger als 3 bis 4 Millimeter und ernährt sich sowohl von Pollen als auch von all dem, was er aus dem Kryokonit angeln kann. Außerdem handelt es sich beim Gletscherfloh um einen waschechten Bergsteiger, der sogar schon im Himalaja angetroffen wurde, auf 6300 Metern Höhe.

Durch die aufmerksame Beobachtung seiner Fortbewegungsweise konnten Wissenschaftler herausfinden, dass ein Gletscherfloh bei günstigem Wind bis zu 300 Meter am Tag zurücklegen kann, einen Hüpfer nach dem anderen. Er kommt zudem sehr gut mit der Kälte zurecht und ist aktiv bei Temperaturen von bis zu −15 °C, bekommt aber ab etwa 12 °C ernsthafte Probleme mit dem Überleben.

Allerdings kann man auf einem Gletscher neben Bakterien und Flöhen auch Mücken und sogar Käfer antreffen. Bleibt jedoch die Frage, wie sie die Kälte ertragen. Flöhe und Mücken haben einen sehr kleinen Körper, was es ihnen gerade nicht leicht macht, Kälte auszuhalten. Die Masse ihrer Körper ist nämlich im Verhältnis zur Oberfläche, die den frostigen Temperaturen ausgesetzt ist, äußerst gering. Dieses Problem umgehen sie besonders geschickt, indem sie den Gefrierpunkt des Wassers in ihrem Körper absenken, als hätten sie ein natürliches Frostschutzmittel entwickelt. Veranschaulichen wir uns das einmal an einem Beispiel: Wie wir alle wissen, kann man eine Flasche Wodka ohne Probleme ins Gefrierfach legen – sie kühlt zwar stark ab, friert aber nicht ein. Das liegt daran, dass der im Wodka enthaltene Alkohol den Gefrierpunkt der Flüssigkeit herabsetzt (bei Ethylalkohol liegt er bei −117 °C, weshalb bei einem Alkoholgehalt von 40 % der Gefrierpunkt deutlich unter den −15 °C einer gewöhnlichen Tiefkühltruhe liegt). Gletscherflöhe bevorzugen – und produzieren – als Frostschutz einen Stoff namens Glykol, der die Bildung von Eiskristallen verhindert, die andernfalls ihre Zellen zerstören würden, wie es bei Erfrierungen auch mit unseren Zellen geschieht. Ansonsten führen sie ein anspruchsloses, wenngleich recht kühles Leben, denn sie müssen weitgehend auf die Freuden des Lebens in Pärchen verzichten, die so viele andere Organismen genießen dürfen. Das Männchen deponiert seinen Samen auf einer kleinen Erhebung des Gletschers, und sollte ein Weibchen zufällig dorthin springen, kann sie ihn aufnehmen und hat ihr oberstes biologisches Ziel, die Fortpflanzung, erfüllt.

TIERISCHE TRICKS
FÜR DAS ÜBERLEBEN IM WINTER

Wie man es auch dreht und wendet, der Winter ist und bleibt eine schwierige Jahreszeit für uns alle: Man findet nur mit Mühe Nahrung, womöglich geht einem das Wasser aus, weil es gefroren ist, der Wind weht ständig und es ist bitterkalt. Irgendwie muss man ihn jedoch überstehen, die Zähne zusammenbeißen und auf den Frühling warten. Dabei ist der Winter für viele Tiere tatsächlich gar nicht so entsetzlich, wie wir vielleicht denken.

Einige kleine kaltblütige Tiere, wie etwa Frösche, hüpfen kurzerhand in Seen, da deren Temperatur immer ein wenig über null bleibt, und warten geduldig auf das Ende des Winters. Salamander, Murmeltiere und viele andere Säugetiere entscheiden sich lieber für die Kältestarre oder den Winterschlaf in ihren Höhlen, denn unter der Erde ist es nicht ganz so kalt. Es weht kein Wind, und neben der dünnen Erdschicht über der Höhle fungiert vor allem der Schnee selbst als Isolierung gegen den Frost. Schnee kann in der Tat warm halten, auch wenn man sich das nur schwer vorstellen kann. Die in den winzigen Hohlräumen des Schnees gefangene Luft nämlich hat eine isolierende Wirkung. Während also ein Schneesturm wütet und die Temperaturen auf, sagen wir, bis zu −15 °C sinken lässt, bleibt unter einer Schneedecke von einem Meter die Temperatur bei etwa 0 °C. Ein Temperaturunterschied von immerhin 15 °C! Unter etwa 30 Zentimetern Schnee liegt die Temperatur schon bei −2 °C, was bedeutet, dass die Wärmedämmung entscheidend von der Dicke der Schneedecke abhängt, so wie es für einen Menschen ausschlaggebend ist, wie viele Pullover er im Winter übereinanderträgt.

Genau aus diesem Grund ist einem Murmeltier im Winterschlaf heftiger Schneefall mehr als willkommen. Dabei fällt es in einen so tiefen Schlaf, den betäubungsähnlichen *Torpor*, dass keinerlei Störung von außen, kein Geräusch und keine Erschütterung es wecken können. Sein Herzschlag sinkt von 120 Schlägen pro Minute auf 5 bis 10, gerade genug, um es am Leben und die Körpertemperatur so hoch wie nötig zu halten: Von 35 °C wird sie auf etwa 5 °C gesenkt. Dabei wird so wenig Energie wie möglich verbraucht, da der Winterschlaf bis zu sechs Monate andauern kann und sich das Murmeltier bis zum Frühling allein von den Reserven ernährt, die es sich im Herbst auf Teufel komm raus angefressen hat. Nur falls die Temperatur abfällt und einen Wert von deutlich unter 0 °C erreicht, erwacht das Murmeltier, weil das ein deutliches Zeichen dafür ist, dass mit seinem Bau etwas schiefgegangen ist und es versuchen muss, ihn besser abzudichten, bevor es den Winterschlaf wieder aufnehmen kann.

Auch Bären ziehen sich den Winter über zurück. Sie wissen instinktiv, dass der Zeitpunkt für ihr langes Nickerchen gekommen ist, wenn die Nahrung langsam knapp wird und die Temperatur regelmäßig unter 0 °C fällt. Ein Bär begibt sich in *Winterruhe*, die dem Winterschlaf zwar ähnelt, aber doch längst nicht so tief ist. Stapft man also im Winter lautstark an seiner Höhle vorbei, sollte man darauf gefasst sein, ihn geweckt zu haben.

Bei einem Steinbock ist die Sachlage wiederum eine ganz andere, und man müsste vielleicht eher von einer *Erholungsphase* sprechen. Zunächst einmal zieht er sich im Winter warm an: Das recht kurze und struppige Sommerfell von 2 bis 4 Zentimetern wird um ein Winterfell von vier bis zwölf Zentimetern sowie um ein dichtes Unterfell ergänzt, die sehr gut isolieren. Außerdem verlässt er die Höhenlagen und sucht sich tiefer gelegene Felshänge, die nach Süden weisen, um sich an jedem sonnigen Tag aufwärmen zu können. Es scheint in der Tat so, als nähme der Steinbock regelrechte Sonnenbäder, um Energie zu tanken und sich damit gegen die kälteren Tage zu wappnen. Er ist kein Freund von Schnee, da seine kurzen, stämmigen Beine und sein vergleichsweise hohes Körpergewicht ihm das Gehen auf einem verschneiten Berghang deutlich erschweren. Denn er wiegt doppelt so viel wie eine Gämse, die sich im Winter, genau wie ein Reh, mit dem zufriedengibt, was sie findet. Zwar sind Wasser und Nahrung knapp, doch bezeugen die allgegenwärtigen Spuren im Gebirgswald ein auch im Winter durchaus aktives Leben.

Raubtiere wie Wölfe und Füchse schließlich haben es in den Wintermonaten wirklich nicht leicht, denn für sie gilt bekanntlich: *The show must go on.* Sie müssen sich ihre Nahrung auch in der kalten Jahreszeit fleißig erjagen, in der deutlich weniger Beute unterwegs ist. Ihr Fell wird dicker und mit kurzem, dichtem Wollhaar unterfüttert, aber davon abgesehen bleibt alles beim Alten. Die Jagd geht weiter.

Spurensuche im Gebirge

Es ist nicht besonders schwer, im Gebirge Murmeltiere, Gämsen und Füchse zu sehen. Sich ihnen zu nähern, ist allerdings etwas ganz anderes, und das aus gutem Grund. Bis weit ins 20. Jahrhundert hinein waren Steinböcke ein beliebtes Ziel für Jäger, und die ausgestopften Köpfe der Männchen verzierten so manchen Kamin im Flachland. Einem einzigen Jagdausflug konnten bis zu 30 Exemplare zum Opfer fallen – und genauso erging es fast allen Säugetieren, die im Gebirge heimisch sind. Da verwundert es wenig, dass sie dem Menschen inzwischen instinktiv misstrauen. Doch ist diesbezüglich heute eine Veränderung im Gange: Es gibt ganze Täler, in denen die Murmeltiere den Touristen direkt aus der Hand fressen. Doch wie scheu oder zahm die Tiere der Berge auch sind, wird man bei einem Winterspaziergang in einem beliebigen Alpenwald auf eine erstaunliche Menge und Vielfalt an Tierspuren im Schnee stoßen. Die Spuren geben Aufschluss über das Tier, das sie hinterlassen hat, und regen unsere Phantasie an. Fast möchte man meinen, hinter jeder Kiefer verberge sich ein Reh, das jeden Moment hervorspringen wird.

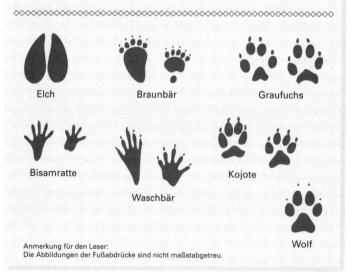

Anmerkung für den Leser:
Die Abbildungen der Fußabdrücke sind nicht maßstabgetreu.

WIESO KÖNNEN TIBETISCHE MÖNCHE AUF 5000 METERN FUSSBALL SPIELEN?

Räumen wir zunächst ein, dass auf dieser Höhe nicht viele Leute Fußball spielen. Von den rund 140 Millionen Menschen, die oberhalb der 2500-Meter-Marke leben, haben nur etwa vier Millionen sich auf einer Höhe von über 4500 Metern niedergelassen. Wieso aber fällt diesen Menschen das Fußballspielen – oder schon das Aufstehen aus dem Bett – da oben so viel weniger schwer als uns?

Für Menschen aus dem Tiefland ist die erste, ziemlich heftige Hürde der stark reduzierte Luftdruck: Verglichen mit dem Meeresniveau, ist dieser auf 3000 Metern bereits um 30 % reduziert, auf 6000 Metern um 50 % und auf dem Gipfel des Mount Everest um sage und schreibe 70 %. Es geht hier also um ganz dünne Luft. Vergessen wir einmal ein Fußballmatch auf dem Mount Everest, schon beim ersten Aus müssten wir 2500 Meter hinabklettern, um den Ball zurückzuholen – womöglich auch noch aus einer Felsspalte, was nun wirklich keinen Spaß macht und das Spiel in die Länge zieht. Aber auch in etwas tieferen Höhenlagen haben wir mit Sauerstoffmangel (der *Hypoxie*) zu kämpfen. Dieser hängt mit dem verringerten Druck zusammen und schränkt motorische Aktivitäten ein: Auf 3000 Metern enthält die Luft rund 30 % weniger Sauerstoff, auf 6000 Metern etwa 55 %. Je dünner die Luft, desto weniger Sauerstoff steht uns also zur Verfügung – doch das ist der Treibstoff für unseren Körper.

Als wäre das noch nicht genug, nimmt mit zunehmender Höhe auch die absolute Luftfeuchtigkeit ab, also die Dichte von Wasserdampf in einem bestimmten Luftvolumen. Unser Körper und insbesondere unsere Atemwege geben Feuchtigkeit ab und neigen dazu, rasch auszutrocknen. Das ist ein besonders tückisches Phänomen, da wir es meist erst dann wahrnehmen, wenn es bereits weit fortgeschritten ist.

Man sollte es sich also besser zweimal überlegen, bevor man

die Fußballmannschaft der buddhistischen Mönche von Namche Bazar in Nepal herausfordert. Da unser Körper aus bescheideneren Höhenverhältnissen kommt, reagiert er auf die höhere Umgebung mit einer beschleunigten und kürzeren Atmung, mit einem gesteigerten Herzschlag und mentaler Ermüdung, mit Schlafstörungen und Appetitlosigkeit, mit Migräneattacken und dem unstillbaren Bedürfnis, ganz schnell in die Karibik zu reisen. In extremen Fällen können diese Symptome sich zur sogenannten *Höhenkrankheit* entwickeln (*Acute Mountain Sickness, AMS*).

Es gibt nicht allzu viele Völker, die sich diesen doch sehr extremen Bedingungen erfolgreich angepasst haben. Die Bewohner Tibets und der Anden sind ausgiebig von der Wissenschaft untersucht worden, während hingegen über die Menschen aus dem äthiopischen Hochland erst wenig bekannt ist. Beschränken wir uns also auf die Unterschiede in den Anpassungsstrategien zwischen Tibetern und Andenvölkern.

Dabei darf man freilich nicht außer Acht lassen, dass in der langen Geschichte der Völkerwanderungen Erstere sich bereits vor 25 000 Jahren im Gebirge Tibets niedergelassen haben, während Letztere erst vor 11 000 Jahren ins Hochland gestiegen sind. Diese Andenbewohner sind folglich das, was man heute als *Newcomer* bezeichnen würde. Schließlich ist hinlänglich bekannt, dass die natürliche Selektion, unter deren geduldiger Führung genetische Variationen abgewogen und mit der Zeit erbliche Anpassungen vorgenommen werden, sehr langsam voranschreitet. Zwar ist ein Unterschied von 14 000 Jahren gemessen an evolutionären Zeiträumen nicht wirklich viel, aber er könnte doch ausreichend sein für die Ausbildung des einen oder anderen genetischen Merkmals.

Die Anpassungen an den Sauerstoffmangel in Höhenlagen fallen bei beiden Populationen sehr unterschiedlich aus. Die Atmung der Tibeter ist viel effektiver. Im Ruhezustand atmen sie 15 Liter pro Minute ein und aus, die Andenbewohner nur zehn Liter. (Unser eigener Wert hingegen liegt, sofern wir keine Athleten sind, zwischen fünf und acht Litern pro Minute.) Unter den Mangelbedingungen in großen Höhen macht den Tibetern dabei keiner was vor: Ihr Atemrhythmus ist doppelt so langsam wie jener der Andenvölker, dabei atmen diese bereits halb so schnell wie wir, da ihr Lungenvolumen größer ist als unseres. Vielleicht als Wiedergutmachung für dieses Ungleichgewicht haben die Bewohner der Anden eine etwas höhere Hämoglobinkonzentration im Blut als Tibeter, ganz so, als befänden sie sich aufgrund des Sauerstoffmangels in einem konstanten Belastungszustand.

Wer trotz dieser Tatsachen auf ein Fußballmatch besteht, wärmt sich vor dem Anpfiff hoffentlich wenigstens gut auf. Die Tibeter haben nämlich neben der besseren Atemtechnik eine höhere Dichte von Kapillargefäßen pro Quadratmillimeter Muskelgewebe (462 pro mm^2 gegenüber unseren 387 pro mm^2 und 400 pro mm^2 bei den Andenvölkern) und verfügen folglich über eine effizientere Sauerstoffversorgung der Muskeln als jeder andere. Da hilft also nur noch eine undurchdringliche Verteidigung – und viel Glück.

Das Edelweiß

Das Edelweiß, gewissermaßen das Aushängeschild der Alpenflora, stammt gar nicht aus den Alpen. Das wollen wir ihm jedoch nicht vorhalten, denn die Natur kennt bekanntlich keine (politischen) Grenzen und Zollstationen. Es handelt sich bei dieser Blume um nichts Geringeres als einen Auswanderer ohne Aufenthaltsgenehmigung – wie es im Grunde sehr viele Pflanzen sind, die auf der Suche nach einem geeigneten Ort zum Leben ihre Heimat aufgeben. Das Edelweiß gehört zur Gattung *Leontopodium* und stammt aus den trockenen und hellen Hochländern Zentralasiens und des Himalaja. Bei uns gedeiht es besonders im Hochgebirge, wo es an trockenen, sonnigen Orten wächst. Als Anpassung an den neuen Lebensraum hat es sich eine dichte, pelzige Behaarung zugelegt, die jedoch nicht, wie man meinen könnte, als Schutz gegen die Kälte dient, sondern dazu, die Transpiration gering zu halten.

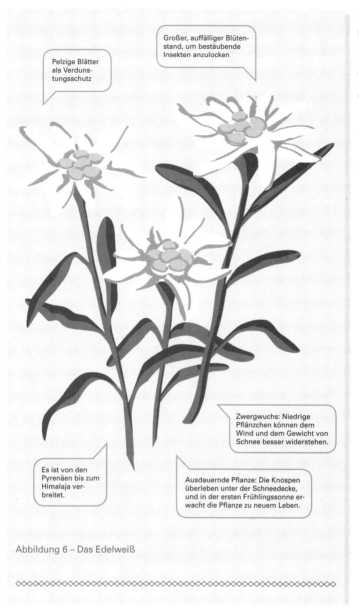

Abbildung 6 – Das Edelweiß

Außerdem hat es sich auf das karge Ambiente des Gebirges eingestellt, indem es seine Größe reduziert hat (was auch gegen den starken Wind hilft) und sich insbesondere auf seinen Fortpflanzungsapparat konzentriert. Da ihm zum Sichern des Fortbestands nur wenige Wochen bleiben, muss es sein Bestes geben, um ein bestäubendes Insekt anzuziehen. Zu diesem Zweck hat es eine Blüte ausgebildet – oder besser einen Blütenstand, also eine ganze Anhäufung kleiner Blüten –, die verglichen mit seiner Größe insgesamt und mit der Größe seiner Blätter überdimensioniert wirkt.

Man muss dazusagen, dass das Edelweiß streng genommen keine Hochgebirgspflanze ist, weil es auch auf geringeren Höhen wächst. Auch wird der Höhenrekord in den Alpen nicht von ihm, sondern von *Ranunculis glacialis* gehalten (dem Gletscher-Hahnenfuß). Dabei handelt es sich ursprünglich um eine Pflanze aus der Arktis, die auf bis zu 4450 Metern Höhe wächst. Auch der Gletscher-Hahnenfuß ist von eher niedrigem Wuchs (der Wind im Gebirge kann ziemlich ruppig werden), an die Kälte angepasst (bestimmte Gene werden von Frost dazu angeregt, die Produktion eiweißhaltiger Substanzen auszulösen, die den Gefrierpunkt des in den Zellen enthaltenen Wassers herabsetzen) und verfügt über ein ausgedehntes Wurzelnetz (teils um sich festzuhalten, teils um so viel von dem knappen Wasser zu ergattern wie möglich).

Auf anderen Kontinenten kann dieselbe Pflanze jedoch viel größere Höhen erklimmen: Auf den Anden, beispielsweise, wurden Exemplare auf rund 5800 Metern Höhe gefunden, auf dem Himalaja sogar auf 6400 Metern.

WAS IST DIE HÖHENKRANKHEIT?

Wer dieses Buch nicht gerade im Mount Everest Base Camp liest, nachdem er sich dort bereits ein paar Tage aufgehalten hat, würde es auf dem Gipfel des berühmten Berges etwa zwei Minuten aushalten und dann in Ohnmacht fallen. Die Aussicht ist gewiss atemberaubend, aber den Atem würde einem in erster Linie die dünne Luft rauben. In der Tat stellt die *Höhenkrankheit* mit eine der größten Schwierigkeiten dar, wann immer es darum geht, große Höhen zu erklimmen. Das wussten bereits die frühen Bergsteiger, denen es für Menschen schlicht unmöglich schien, die Achttausender des Himalaja ohne Sauerstoffflaschen zu besteigen – bis Reinhold Messner 1978 das Gegenteil bewies und ein für alle Mal zeigte, dass man es mit der richtigen Vorbereitung schaffen konnte.

Steigt man rasch auf über 3000 Meter Höhe, kann das die Höhenkrankheit hervorrufen. Vor dieser sind auch erfahrene Bergsteiger nicht gefeit, die meinen, sich in kurzer Zeit auf über 5000 Meter begeben zu müssen. Im Grunde muss man die Ursachen dafür schon bei unserem Lebensstil suchen, in dem die Geruhsamkeit kaum noch einen Platz findet und der Weg nicht mehr das Ziel zu sein scheint. Wir sind immer in Eile und katapultieren uns daher im Handumdrehen auf große Höhen, ohne unserem Körper die nötige Zeit zu gewähren, sich langsam an das Gebirge mit seinen Besonderheiten zu gewöhnen. Erreichen und überschreiten wir die 3000-Meter-Grenze, tritt eine *Hypoxie* ein, weil während des Aufstiegs nach und nach der Sauerstoff-Partialdruck in der Luft abnimmt. Unser Körper lässt sich jedoch nicht lumpen und reagiert prompt mit Hyperventilation und einer Erhöhung der Blutmenge, die mit jedem Herzschlag in Bewegung versetzt wird (dem *Schlagvolumen*). Diese beiden Anpassungen dienen der vorübergehend gesteigerten Versorgung des Gewebes mit Sauerstoff. Eine Reaktion dieser Art wird von speziellen Sensoren ausgelöst, die sich in etwa auf Höhe der Halsschlagader befinden. Diese *Chemosensoren* oder *Chemorezeptoren* stellen eine Art zentrale Wetterstation dar, die die chemischen Veränderungen in unserer Umgebung überwacht. Von hier aus wird das zentrale Nervensystem informiert und die Erhöhung der Atemfrequenz ausgelöst.

Die Höhenkrankheit ist also eine Art Warnung unseres Körpers, der uns zu verstehen gibt: Achtung, du befindest dich in einem Risikobereich. Zu den ersten Symptomen gehören Kopfschmerzen, ein leichter Verwirrungszustand, Appetitlosigkeit, Schlafstörungen und Harnverhalt; Erbrechen, unerträgliche Kopfschmerzen, große Müdigkeit und Antriebslosigkeit sind hingegen bereits schwerwiegende Symptome.

Vorbeugende Maßnahmen erlauben es dem Körper idealerweise, sich auszuruhen und von selbst zu akklimatisieren. Hierzu sollte man den Aufstieg in verschiedene kleinere Etappen einteilen und auf unterschiedlichen Höhen Pausen einlegen, damit der Körper sich auf den zunehmenden Sauerstoffmangel einstellen kann. Übertriebene Verbissenheit verleitet manch einen dazu, partout die Augen vor der eigenen Verfassung zu verschließen und den Aufstieg in Bereiche hinein fortzusetzen, in denen die Höhenkrankheit Komplikationen wie das Höhenlungen- oder Höhenhirnödem hervorrufen kann, was teilweise tödliche Folgen hat.

Ein Lungenödem kann wenige Tage nach Erreichen der jeweiligen Höhe auftreten. Es handelt sich dabei um das Austreten von Flüssigkeit aus dem Blutstrom ins Lungengewebe, wodurch die Atmung beeinträchtigt wird. Was aber kann man dagegen tun? Der Körper verlangt nach Sauerstoff, den man entweder direkt zuführen kann oder mit Hilfe einer *tragbaren Überdruckkammer* (siehe »Eine Überdruckkammer gegen die Höhenkrankheit«). Das ist jedoch das Vorgehen bei Notfällen. Die beste Gegenmaßnahme ist und bleibt der sofortige Abstieg um mindestens 500 Meter.

Auch das seltenere Hirnödem kann tödlich verlaufen und betrifft etwa 1 % der Personen, die sich in große Höhen begeben. Es handelt sich hier ebenfalls um das Austreten von Flüssigkeit aus dem Blut, allerdings im Schädel. Die typischen Symptome hierfür sind Verwirrung, eine teilweise Lähmung sowie Koordinations- und Gleichgewichtsstörungen. Die besten Gegenmaßnahmen sind eine umgehende Diagnose und der rasche Abstieg in einen niedrigeren Bereich.

Im Hochgebirge können auch Kälte, Strahlung und Trockenheit unserem Körper schwer zu schaffen machen. Fast alle Bergsteiger berichten einhellig davon, dass man in extremer Höhe außerdem häufig in eine Art Trancezustand gerät und die Grenze zwischen Vorsicht und Leichtsinn zu verschwimmen beginnt. Den meisten von uns wird von alledem wohl nichts zustoßen, aber schon ab etwa 3400 Metern, da sind sich fast alle einig, befindet man sich im Hochgebirge.

Eine Überdruckkammer gegen die Höhenkrankheit

Schön klein und mit einer atemberaubenden Aussicht – dennoch würde am liebsten niemand auch nur eine Minute seines Lebens darin verbringen: die Überdruckkammer des Bergrettungsdienstes. Man braucht sie nicht zu mieten, noch kann man sie online reservieren. Sie nimmt einzig und allein all jene auf, die sich einer Dekompressionsbehandlung unterziehen müssen, weil sie unter einem schweren Fall von Höhenkrankheit leiden oder sich sogar ein Lungen- oder Hirnödem zugezogen haben. Im Grunde handelt es sich um einen tragbaren luftdichten Sack (*Überdrucksack*), in den der Patient eingeschlossen wird. Mit Hilfe einer Luftpumpe, die bei Notfallkammern von Hand bedient werden muss, werden in seinem Inneren die Druckverhältnisse hergestellt, die auf etwa 2500 bis 3000 Metern Höhe herrschen. Dieser Vorgang ist sehr mühsam und langwierig, und der Patient muss mitunter mehrere Stunden in der Kammer ausharren, während die Helfer von außen für eine konstante Zufuhr mit sauerstoffhaltiger Luft zu sorgen haben. Sobald der Patient dazu in der Lage ist, muss er auf eine tiefere Höhenlage gebracht werden, notfalls mit Hilfe einer Sauerstoffflasche.

WAS MAN BEI HÖHENKRANKHEIT TUN KANN – UND WAS MAN BESSER LÄSST

Die Höhenkrankheit hat weniger mit großer Höhe zu tun als vielmehr mit dem zu schnellen Höhenwechsel. Die Erfahrung lehrt, dass zwei Dinge unmittelbar zur akuten und damit gefährlichen Phase dieses Problems führen: Dickköpfigkeit und die Fehleinschätzung der Symptome. Darüber hinaus haben zahlreiche Studien gezeigt, dass auch hervorragende Athleten nicht automatisch dagegen gefeit sind. Denn es ist alles eine Frage der Anpassung, durch Geduld oder Genetik (wobei Letztere eine nicht unerhebli-

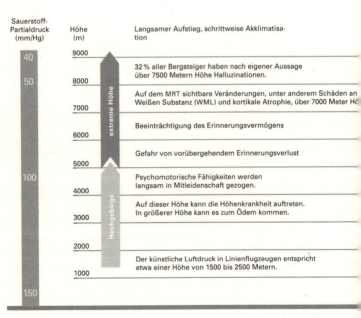

Abbildung 7 – Reaktionen des Körpers auf zunehmende Höhe

che Anzahl von Generationen benötigt). Aber da wir für die Höhenlagen in der Regel genetisch nicht passend ausgestattet sind, sollten wir uns darum bemühen, uns für die Dauer unseres Aufenthalts entsprechend auf das Hochgebirge einzustellen. Man sollte beispielsweise Beruhigungs- und Schlafmittel nur mit großer Vorsicht zu sich nehmen, da diese auch den Reiz unterdrücken, der uns zur Hyperventilation antreibt. Hyperventilieren ist allerdings die erste Reaktion unseres Körpers auf die zunehmende Unterversorgung mit Sauerstoff, weshalb solche Mittel seinen Anpassungsstrategien entgegenwirken und den Zustand eher noch verschlechtern könnten. Dasselbe gilt für Alkohol.

Wichtig ist es auch, oft und genug zu trinken, selbst wenn man gar keinen Durst hat. In der dünnen Luft macht sich nämlich nicht

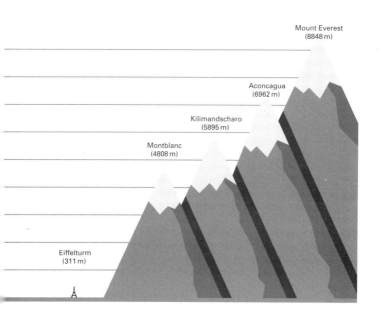

nur der Sauerstoff rar, sondern jedes andere Gas ebenso, weshalb auch kaum Wasserdampf in ihr enthalten ist. Im Hochgebirge ist der Körper auf allen Seiten von Trockenheit umgeben, die ihm die Feuchtigkeit entziehen will. Auch aus diesem Grund benötigt er eine größere Flüssigkeitszufuhr als im Tiefland. Außerdem nimmt in diesen Höhenbereichen auch die Viskosität des Blutes zu, wird also zähflüssiger, weil der Organismus es mit zusätzlichen roten Blutkörperchen anreichert, um das Gewebe mit einer größeren Menge Sauerstoff zu versorgen. Untersuchungen haben ergeben, dass sich auf 6500 Metern Höhe bis zu acht Millionen rote Blutkörperchen in einem Kubikmillimeter Blut befinden können, wohingegen es auf Meereshöhe nur fünf Millionen sind. Das gestaltet natürlich auch den Blutkreislauf mühsamer.

Werden die Kopfschmerzen unerträglich, bleibt nur noch der Abstieg, denn unterhalb der 1800-Meter-Marke verschwinden sämtliche Symptome innerhalb weniger Stunden. Alternativ kann man auch nur etwa um 500 Meter absteigen und ein paar Tage oder eine Woche warten, um sich zu akklimatisieren, bevor man wieder hinaufsteigt.

Auch die Appetitlosigkeit darf man nicht außer Acht lassen, denn auch sie ist ein ernst zu nehmendes Symptom und sollte nicht als günstige Gelegenheit für eine mühelose Diät begrüßt werden. Innerhalb weniger Tage kann unsere Kalorienaufnahme um bis zu 40 % sinken. Das kompensiert man am besten durch eine besonders kohlenhydratreiche Ernährung, damit die Höhenkrankheit sich nicht verschlimmert.

Wie so oft im Leben besteht das beste Hilfsmittel darin, sich ausreichend Zeit zu lassen und es dem Körper zu erlauben, sich auf die neue Situation einzustellen. Man hält die Belastung am besten gering, steigt langsam auf 3000 Meter auf, ruht sich ein bis zwei Tage aus und macht sich dann, geruhsam, auf den Weg zu höheren Zielen.

DIE BERGE VON OBEN

WÄRME UND KÄLTE IN DEN BERGEN

WESHALB WIRD DIE LUFT IMMER KÄLTER, JE WEITER MAN NACH OBEN STEIGT?

Denkt man genauer darüber nach, ist es eigentlich recht merkwürdig: Es ist Mitte August, in der Stadt ist die Hitze unerträglich, aber begibt man sich ein paar Tausend Meter in die Höhe, muss man sich auf einmal sogar einen dicken Pullover überziehen. Was sind schon ein paar Kilometer für einen Planeten, dessen Radius 6000 Kilometer beträgt? Wie so oft ist es alles eine Frage des Luftdrucks.

Luft ist ein Gemisch von Molekülen in gasförmigem Zustand, die sich in konstanter Bewegung befinden. Ihre Temperatur hängt vom Druck ab: Komprimiert man ein Gas, wird es warm, da es zu mehr Reibung zwischen den Molekülen kommt; erlaubt man ihm, sich auszudehnen, kühlt es ab, da die Moleküle mehr Platz haben und weniger oft zusammenstoßen. Natürlich gilt das auch andersherum, weshalb ein Gas sich ausdehnt, wenn man es erwärmt und die Moleküle damit in größere Schwingung versetzt, während es sich komprimiert, wenn man es kühlt und die Moleküle folglich weniger Bewegungsfreiraum brauchen.

Je weiter man sich in die Höhe begibt, desto geringer wird der Luftdruck, was zur Folge hat, dass auch die Luft dünner und kühler wird. Obgleich die Strahlung der Sonne weite Entfernungen zurücklegt, durchdringt ein beachtlicher Anteil der Sonnenergie die Atmosphäre, erreicht die Erdoberfläche und erwärmt sie. So bezieht die untere Atmosphäre ihre Wärme vornehmlich von unten: vom Erdboden, von den Meeren und von den Seen. Bei gleichbleibender Energieabstrahlung des Bodens sinkt daher die Temperatur der Luft, wenn sie bei zunehmender Höhe dünner wird. Die Luft dehnt sich aus und kühlt deshalb ab. Körper aber werden von Molekülen erwärmt, die mit ihnen zusammenstoßen und ihnen dabei etwas von ihrer eigenen Energie abgeben. Nimmt also die Anzahl der Moleküle der Luft ab, durch die wir uns bewegen, bekommen auch wir weniger Wärme ab, genauso wie das Thermometer, das dann eine niedrigere Temperatur anzeigt.

Hier kommt allerdings ein weiterer Faktor ins Spiel: Die dünne Luft im Gebirge »fängt« mit ihrer geringeren Moleküldichte weniger Wärme ein als die dickere Luft im Flachland, weshalb ein Teil der thermischen Energie, die von den Berghängen und dem Gestein abgestrahlt wird, schlichtweg ins Weltall zurückkehrt. Die ohnehin kältere, weil dünnere Luft hat es also zudem schwerer, sich aufzuwärmen.

Tatsächlich kann man davon ausgehen, dass im Durchschnitt je 100 Meter Höhe die Lufttemperatur um 1 °C abnimmt, wenn sie trocken ist, und um 0,6 °C, wenn die Luftfeuchtigkeit bei 100 % liegt. Woher rührt dieser Unterschied? Erreicht die Luft bei ihrem Aufstieg den Taupunkt, also eine relative Luftfeuchtigkeit von 100 %, beginnt der Wasserdampf zu kondensieren, und es entstehen Wolken und Nebel. Der Kondensationsvorgang setzt Wärme frei, was den Temperaturverlust beim weiteren Aufstieg zumindest teilweise ausgleicht.

Warum frieren Gebirgsseen nicht zu?

Mit Vorsicht, wenn das Eis dick genug ist, können wir auf ihnen Schlittschuh laufen, aber unter ihrer Eisschicht bleiben Gebirgsseen trotzdem flüssig (wofür die Forellen sich artig bedanken, andernfalls könnten wir sie schön tiefgefroren aus dem Wasser ziehen). Aber weshalb frieren sie, selbst wenn sie nur wenige Meter tief sind, nicht vollständig ein? Eine Erklärung lässt sich in der unglaublichen Eigenschaft des Wassers finden, beim Übergang vom flüssigen in den festen Aggregatszustand – im Gegensatz zu vielen anderen Molekülen – an Volumen zu gewinnen und an Dichte zu verlieren. Was heißt das? Zunächst einmal, dass festes Wasser auf flüssigem Wasser schwimmt, denn die Frage, ob ein Stoff auf einem anderen Stoff schwimmt, hängt allein von der unterschiedlichen Dichte der beiden ab. Die Dichte eines Gegenstands ergibt sich aus dem Verhältnis von Masse zu Volumen: Bei gleichem Volumen ist die Masse von Quarz höher als die von Wasser, weshalb das Mineral versinkt, während die Masse von Eis niedriger ist als die des Wassers, auf dem es schwimmt.

Wenn im Winter die Oberflächen der Seen einzufrieren beginnen, weil sie der kalten Luft ausgesetzt sind, bildet das Eis eine schwimmende Isolierschicht, die das darunterliegende Wasser vor der äußeren Kälte abschirmt. Nur damit das klar ist: Für die Fische ist das da unten auch kein reines Zuckerschlecken, aber dieses charakteristische Merkmal von Wasser hat große Auswirkungen auf das Tier- und Pflanzenleben. Fische können dadurch auch besonders strenge Winter überleben. Als kaltblütige Tiere nehmen sie dieselbe Körpertemperatur an wie ihr unmittelbarer Lebensraum, und wenn das Wasser sehr kalt wird, wie es in einigen Gebirgsseen der Fall ist, verlangsamt sich ihr Stoffwechsel. Sie werden zwar ein wenig apathisch, sind unmotiviert, wenig gesellig und essen kaum, doch warten sie in diesem Zustand geduldig auf die Rückkehr des Frühlings.

WIESO IST ES IM GEBIRGE TROTZDEM WÄRMER ALS IM TAL?

Augenblick mal! Am Telefon erzählt mir ein Freund eben, dass es bei ihm in der Stadt eiskalt ist, dabei haben wir es in den Bergen gerade angenehm warm. Wie kann das sein? Heute ist es im Gebirge rund 10 °C wärmer als in der Stadt – aber gerade haben wir doch gelernt, dass die Luft sich mit zunehmender Höhe immer weiter ausdehnt und deswegen abkühlt …

Dennoch ist es im Gebirge manchmal wärmer als im Tiefland. Das dafür verantwortliche Phänomen ist als *Inversionswetterlage* bekannt und ereignet sich hauptsächlich im Winter und über Nacht. Die schwere, kalte Luft (die komprimiert ist, da ihre Moleküle sich weniger stark bewegen) gleitet aufgrund ihrer höheren Dichte aus den Bergtälern in die Ebene, wo sie sich wie in einer Wanne sammelt und eine Art See bildet. Dort kondensiert die Luftfeuchtigkeit, und es entsteht der für das Flachland typische Nebel. Dieses Phänomen ereignet sich auf beiden Seiten der Alpen. Geht nun die Sonne auf, lässt die klare Luft im Gebirge ihre warmen Strahlen anstandslos passieren. Sie erreichen den Erdboden, und die Luft erwärmt sich. Im Tal fängt hingegen der Nebel die Strahlen der Morgensonne ab, weshalb die Bodentemperatur länger niedrig bleibt. Es dauert seine Zeit, bis die Sonnenstrahlen die Luft so weit erwärmt haben, dass die Feuchtigkeit wieder verdunstet, die Sonne den Boden erreicht und die Umgebungstemperatur insgesamt ansteigt. Meist sind die ersten 100 bis 200 Meter der Atmosphäre betroffen und bleiben kühler, darüber ist die Luft zwar wärmer, ab einer gewissen Höhe beginnt die Lufttemperatur jedoch wieder mit dem bereits erwähnten Temperaturgradienten abzukühlen.

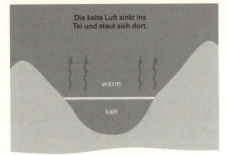 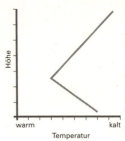

Abbildung 1 – Die Inversionswetterlage

Was hilft gegen die Kälte?

Wenn die Temperaturen tief genug sinken und der Körper ihnen zu lange ausgesetzt ist, kann die Kälte zu *Hypothermie* führen. Medizinisch betrachtet stellt sie sich ein, wenn die Körpertemperatur unter die üblichen 36 °C sinkt. Unterhalb dieser Schwelle befindet sich unser Körper in Gefahr, wobei es auch schon zu Fällen gekommen ist, bei denen die Körpertemperatur um sage und schreibe 15 °C gefallen ist und die Betroffenen dennoch überlebt haben. Das jedoch ist die absolute Ausnahme. Im gesunden Zustand erhält unser Körper eine konstante Temperatur aufrecht, da er Wärme produziert, indem er Energie verbraucht. Sind wir nun Kälte ausgesetzt, senden Rezeptoren in unserer Haut Alarmsignale an unser Gehirn, welches wiederum bestimmte Strategien ins Feld führt, um dem Wärmeverlust entgegenzuwirken. Einer der ersten Schritte besteht in der sogenannten *Vasokonstriktion* oder Gefäßverengung: Die Blutgefäße verengen sich, damit weniger Blut in die Extremitäten gelangt, um dort den Temperaturverlust gering zu halten. Zwar erfrieren dann gegebenenfalls Finger und Zehen, doch nimmt unser Gehirn diesen Verlust angesichts der Todesangst hin. Auch Zittern und Schüttelfrost gehören zu diesen natürlichen Reflexen: Indem unsere Muskeln kontrahieren und sich wieder entspannen, entsteht Reibung, und es wird Wärme produziert. Allzu lange sollte sich das jedoch nicht fortsetzen, da dadurch auch eine erhöhte Energiemenge verbraucht wird.

Bei alldem spielt auch der Wind eine große Rolle. An einem windstillen Tag verliert unser Körper bei einer Außentemperatur von –5 °C beispielsweise genauso viel Wärme, wie wenn bei 0 °C eine leichte Brise von etwa 20 Stundenkilometern weht. Der Wind erhöht also die *Verdunstungsrate* – das Phänomen, durch das wir Körperwärme verlieren. Verdunstet ein Partikel über die Haut, trägt der Wind es augenblicklich fort, weshalb sofort ein weiteres verdunsten kann. Je stärker daher der Wind weht, desto höher ist der Wirkungsgrad dieses Abkühlungsmechanismus. Dieser Vorgang ist nicht zu unterschätzen, und wenn wir dem Wetterbericht lauschen, sollten wir uns nicht damit zufriedengeben, die Temperaturen des Wochenendes zu erfahren, da auch die Intensität des Windes von größter Wichtigkeit ist. Man nennt dieses Phänomen *Windchill*, und es bewirkt, dass wir beispielsweise bei einer Temperatur von –15 °C und einem Wind, der mit 60 Stundenkilometern weht, die Kälte auf unserer Haut als etwa –30 °C wahrnehmen. Für die meisten Menschen genügt es, sich eine halbe Stunde ohne ausreichenden Schutz solchen Witterungsbedingungen auszusetzen, um in ernsthafte Erfrierungsgefahr zu geraten.

Fünf Dinge, die man tun kann, um Erfrierungen zu vermeiden, und fünf Dinge, die man tunlichst lässt

Was man tun kann:

1. Auf gute Kopfbedeckung achten. 70 % der Körperwärme gehen nämlich über unseren Kopf verloren!

2. Nasse oder verschwitzte Kleidung ausziehen, sobald man sich an einem geschützten Ort befindet, da diese den Körper abkühlen lässt. Die von uns produzierte Körperwärme

bringt die Feuchtigkeit zum Verdunsten, wofür jedoch weitere Energie benötigt wird. Diese wird unserem Körper entzogen, der sich dadurch weiter abkühlt. Es kommt jedoch noch ein weiterer Aspekt hinzu: Unsere Kleidung kann nur dadurch ihre isolierende Wirkung entfalten, dass sie Luft einschließt – ein sehr gutes Isoliermittel –, die wir von innen erwärmen, ohne sie mit der kalten Außenluft zu vermischen. Ist die Kleidung jedoch nass, sieht die Sache anders aus, da Wasser ein hervorragender Wärmeleiter ist, der die von uns produzierte Körperwärme unmittelbar und sehr effektiv nach außen ableitet.

3. Einen ausgekühlten Körper in eine Rettungsdecke einpacken – die silberne Seite nach innen, die goldene nach außen –, anstatt ihn zu reiben. Das nämlich erzeugt nur den falschen Anschein von Wärme, die jedoch nicht bis in den Körper vordringt. Die Reibung kann sogar bewirken, dass der Körper den Schüttelfrost einstellt, der, wie erwähnt, zu seinen natürlichen Reflexen gehört, um Wärme zu erzeugen.

4. Vorsicht vor einem zu heißen Bad! Viel besser ist da schon ein lauwarmes, bei allerhöchstens 30 bis 35 °C. Denn das Aufwärmen muss schrittweise erfolgen, um einen Schock für das Herz und Verbrühungen auf der Haut des Erfrierungsopfers zu vermeiden, die durch die Kälte bereits angegriffen sein könnte.

5. Sich von vornherein vor Erfrierungen schützen. Bei Wind und Temperaturen unter 0 °C können Ohren und Finger innerhalb weniger Minuten Erfrierungsschäden erleiden. Das Wasser im Gewebe kristallisiert zu Eis und beschädigt die Blutgefäße und Zellen der Epidermis. Man erkennt die Erfrierung an der blassen Hautfarbe. Diese Stellen dürfen auf keinen Fall gerieben werden, sondern sollten nahe an warmen und geschützten Körperteilen aufgewärmt werden, zum Beispiel in den Achseln oder unter den Schenkeln.

Was man hingegen besser lässt:

1. Keine körperlichen Anstrengungen, um bereits einsetzenden Unterkühlungen entgegenzuwirken. Das produziert zwar ohne Zweifel Wärme, und Bewegung tut generell gut, ist aber nur bei leichten Fällen von Hypothermie ratsam, bei denen die Körpertemperatur noch nicht unter 35 °C liegt, da der Energieverlust andernfalls den gegenteiligen Effekt haben und die Situation verschlimmern könnte.

2. Sich nicht so überanstrengen, dass der Körper in starkes Schwitzen verfällt. Schweiß wird von unserem Körper produziert, wenn er überhitzt ist, und dient der Abgabe von Wärme. Gerade das wollen wir jedoch vermeiden, wenn wir Gefahr laufen, uns zu unterkühlen.

3. Bei schweren Unterkühlungen das Opfer nicht in einen sehr warmen Raum, neben den Kamin oder die Heizung setzen. Es muss vielmehr schrittweise und langsam aufgewärmt werden, um einen katastrophalen Abfall des Blutdrucks zu vermeiden. Die Zahl der Fälle mit tödlichem Ausgang als Folge von zu schneller Erwärmung ist erheblich.

4. Keinen Schnaps trinken, sondern etwas Warmes. Am besten nimmt man eine warme und gezuckerte Flüssigkeit zu sich. Denn Alkohol erweitert die Blutgefäße, weshalb wir sofort große Wärme verspüren, wenn wir zum Schnaps greifen, da durch ihn unter unserer Haut und in unseren Extremitäten eine größere Menge Blut zirkuliert. Aber all diese Wärme wird im Handumdrehen wieder abgegeben und führt zum Gegenteil dessen, was wir anstreben. Darüber hinaus benebelt er das Gehirn in einer Stresssituation, in der es wichtige Entscheidungen treffen muss.

5. Wenn nur bedingte Möglichkeiten zum Aufwärmen vorhanden sind, eingefrorene Körperteile nicht erst aufwärmen und dann erneut der Kälte aussetzen. Gefrorenes Gewebe muss nicht unbedingt gänzlich zerstört sein, und es noch ein paar Stunden länger in der Kälte zu belassen, muss keine irreversiblen Schäden hervorrufen.

AUF DER SONNENSEITE ODER IM REGEN?

Da wir schon einmal in die Welt der Energie eingetreten sind, können wir sie unmöglich wieder verlassen, ohne über den Faktor zu sprechen, der eine entscheidende Rolle im Gebirge spielt und die Verteilung von Flora und Fauna genauso betrifft wie die Lage der Dörfer und Almen: die *Exposition*. Auf unserer Erdhalbkugel hat eine Pflanze, die auf der Nordseite eines Berges wächst, es mitunter gar nicht so leicht. In einer Umgebung, die man an manchen wetterumtobten Hängen oder in tiefen Klüften fast schon arktisch nennen könnte, wird sie obendrein von wenigen Sonnenstrahlen erreicht. Die Unglückliche ist gezwungen, ihre Artgenossinnen auf der anderen Seite des Tals zu beobachten, die in bunter Fülle erblühen und Tausende Touristen auf sonnigen Hotelterrassen entzücken.

Ein extremes Beispiel: Nehmen wir ein Pflänzchen der Gattung Steinbrech, das zu Füßen der Eigernordwand in der Schweiz wächst. Wahrscheinlich kommt es während seines Lebens niemals in den Genuss direkten Sonnenlichts und muss sich tagein, tagaus mit der diffusen Sonneneinstrahlung aus der Erdatmosphäre zufriedengeben, die nur etwa 10 % der direkten Einstrahlung entspricht. Der 3900 Meter hohe Berg in seinem Rücken wirft 365 Tage im Jahr seinen Schatten auf unser Pflänzchen, und die Felswand ist durchgängig von Eis und Schnee bedeckt. Wenn die Kälte es nicht umbringt, dann würde ihm gewiss der Neid den Rest geben, sollte es je erfahren, wie es seiner Stiefschwester ergeht: Auf der Südseite des Massivs aufgewachsen, räkelt sie sich ständig in der Sonne. Obwohl es sich auf derselben Höhe befindet, wird das südliche Exemplar selbst im tiefsten Winter mit der kostbaren Energie der Sonnenstrahlen versorgt. Zudem kommt ihm die Wärme des Gesteins zugute, das sich tagsüber mit der Energie der Sonne auflädt und Pflanzen daher selbst dann wärmen kann, wenn es zu einem plötzlichen Temperaturabfall kommt und sich ein kalter und feuchter Nebelschleier auf unser Blümchen legt.

Geht es für Pflanzen bei der Exposition – der Hangrichtung – um Leben und Tod, ist sie für Tiere eher eine Frage der Migration und der Suche nach einem sonnenbeschienenen Hang. Und für ein Alpenhotel mag es sich dabei schlicht um ein Baugenehmigungsproblem handeln, um endlich die Terrasse erweitern zu dürfen, die jedes Jahr so viele Touristen anzieht.

GIBT ES DIE PERFEKTE HÜTTENPASTA?

Im Gebirge zubereitete Spaghetti sind immer ein Reinfall, ganz so wie in Meerwasser gekochte Pasta. In den Bergen hat das jedoch, anders als am Meer, nichts mit den chemischen Eigenschaften des Wassers zu tun, sondern mit dem Luftdruck, von dem der Siedepunkt jeder Flüssigkeit, also auch der des Wassers, abhängt. Auf Meereshöhe beträgt der Luftdruck 1 bar, und die Siedetemperatur von Wasser – also die Temperatur, bei der Wasser anfängt, vom flüssigen in den gasförmigen Zustand überzugehen – liegt bei 100 °C. Diese Temperatur ist es, die wir am liebsten für unsere Spaghetti hätten. Je weiter wir uns jedoch in die Höhe begeben, desto dünner wird die Atmosphäre über unseren Köpfen. Die Luft verliert an Dichte, und daher nimmt auch der Luftdruck ab. Auf 2000 Metern ist der Siedepunkt von Wasser schon auf etwa 93 °C gesunken, und auf 3000 Metern liegt er nur noch bei rund 90 °C. Wer in dieser Höhe also die Nudeln ins Wasser gibt, sobald es zu kochen beginnt, bereitet sie bei etwa 10 °C weniger zu, als es die Angaben auf der Packung vorschreiben. Daher braucht es auch etwas mehr Geduld, bis die Pasta fertig ist, und die Konsistenz der Spaghetti wird aufgrund des niedrigeren Siedepunktes in jedem Fall eine andere sein, als man es von *la mamma* gewohnt ist.

REGEN, WIND UND BLITZE!

SOMMERREGEN

Sommersonne! Stabile Wetterlage, ein sonniger Morgen mit wolkenlosem Himmel, das Picknick organisiert – kurz: alles ist in bester Ordnung. Zumindest bis zum frühen Nachmittag, wenn sich auf einmal dicke Wolken bilden. Und pünktlich um fünf kommt es zum Gewitter, so wie gestern und vorgestern und am Tag davor.

Gerade im Sommer, an ruhigen und sonnigen Tagen, kommt ein zyklischer Mechanismus in Gang, der allen bestens vertraut ist, die sich oft im Gebirge aufhalten. Er bewirkt, dass morgens ein kühler Wind ins Tal hinabbläst, während nachmittags ein warmer Wind vom Tal in Richtung Gipfel weht, der Regen bringen kann.

Tagsüber erwärmen sich die Berghänge und damit auch die sie umgebende Luft. Inzwischen wissen wir ja nur allzu gut, dass ein erwärmtes Gas sich ausdehnt, an Dichte verliert und tendenziell nach oben strömt. Genau das geschieht auch im Gebirge, wo sich warme Luft von den sonnenbeschienenen Hängen löst und nach oben steigt – es kommt zu den berühmten *thermischen Aufwinden*, die von Adlern und Gleitschirmfliegern genutzt werden, um Höhe zu gewinnen. Dabei hinterlässt die aufsteigende warme Blase nicht etwa ein Loch, sondern zieht mittels eines Sogs Luft aus dem Tal empor und erzeugt den sogenannten *Talwind* oder *anabatischen Fallwind* (vom griechischen *anabatikos*, »der aufsteigt«).

Und was ist mit Wolken und Gewittern? Um zu verstehen, wie

diese sich bilden, müssen wir uns in die Luftblase hineindenken und mit ihr gemeinsam den Hang hinaufsteigen. Die warme Luft, die während des Aufsteigens nach und nach abkühlt, enthält Wasserdampf. Gerade im Sommer, wenn es warm ist und die Luft besonders feucht, kann es sich dabei um eine nicht unerhebliche Menge handeln. Hier greift das Konzept der *relativen Luftfeuchtigkeit*. Damit bezeichnet man den Zustand der Luft, bevor es

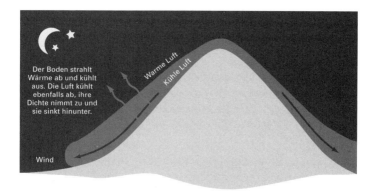

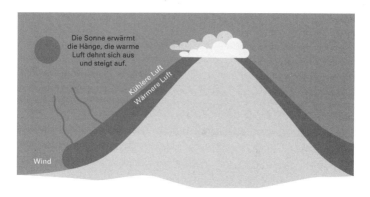

Abbildung 2 – Kalter, katabatischer Fallwind (oben) und warmer, anabatischer Fallwind (unten)

zur Kondensation kommt. Angegeben wird der tatsächliche Wasserdampfgehalt der Luft im Verhältnis zum größtmöglichen Wasserdampfgehalt unter bestimmten Bedingungen (Druck und Temperatur). Mit dem Absinken der Temperatur nimmt die relative Luftfeuchtigkeit zu, und die Luft nähert sich ihrer größtmöglichen Sättigung an. Überschreitet die relative Luftfeuchtigkeit diese 100 %-Marke, kondensiert der Wasserdampf, und es entstehen augenblicklich winzige Wassertröpfchen, die so leicht sind, dass sie in der Luft schweben (*Wolken, Nebel*). Steigt die Luft weiter auf, werden diese Tropfen aufgrund der anhaltenden Kondensation immer größer, bis die entstandene Wolke so mit Wasser beladen ist, dass die Aufwinde das Gewicht der Tropfen nicht länger halten können und es zu regnen beginnt.

Aber es geht noch weiter. Gegen Abend kühlt die Luft erneut ab, die Wolken werden weniger, und im Laufe der Nacht klart der Himmel wieder auf. Genauso schnell wie sie sich aufgewärmt haben, kühlen die Gipfel und Hänge der Berge aus und geben die aufgesogene Wärme wieder an die Atmosphäre ab. Kurz gesagt kehrt sich der ganze Prozess um: Die kühle Bergluft wird dichter und schwerer als die im Tal und gleitet die Hänge hinab. So entsteht ein *katabatischer Fallwind* (vom griechischen *katabatikos*, »herunterfließend« – das Gegenteil des anabatischen Windes), der von den Bergen ins Tal hinab weht. So klart die Luft wieder auf ... und der Kreislauf kann von neuem beginnen.

WIE ENTSTEHT DER FÖHN?

Der Föhn ist ein Wind, der den eben erwähnten Rhythmus von Bergwind und Talwind für einige Tage außer Kraft setzen kann. Er entsteht, wenn feuchte Luft aus dem Mittelmeer gegen die Alpen gedrückt und gezwungen wird, an der dem Wind zugeneigten Luvseite der Berge aufzusteigen und auf der gegenüberliegenden Leeseite wieder ins Tal zu sinken. Dazu führt ein größerer und sehr wichtiger Luftkreislauf, der sich in diesem Teil Europas bemerkbar macht.

Nehmen wir als Beispiel eine Luftmasse, die über einen 2000 Meter hohen Berg gezwungen wird. Angetrieben von einem starken und dominanten Wind, dehnt sie sich während des Aufstiegs rasch aus und kühlt ebenso schnell ab. Ab einer gewissen Höhe kondensiert die Feuchtigkeit aufgrund der Abkühlung der Luft, wobei die Wärme, die bei der Kondensation der Wolken erzeugt wird, den Temperaturverlust etwas abschwächt. Während die Feuchtigkeit also zu Wolken kondensiert, verlangsamt sich das Abkühlen der Luft. Nehmen wir einmal an, die Kondensation habe auf etwa 1100 Metern Höhe eingesetzt, dann verliert die Luft daher auf den verbleibenden 900 Metern nur etwa 0,6 °C je 100 Meter Höhenunterschied (anstelle von 1 °C bei trockener Luft). War die Luft auf Meereshöhe noch 20 °C warm, wird sie auf dem Gipfel des Berges eine Temperatur von nur noch etwa 3,6 °C haben. Während des Abstiegs auf der Leeseite erwärmt sich die wegen des Regens inzwischen wieder trockene Luft mit einem Gradienten von 1 °C pro 100 Meter. Auf Meereshöhe wird sie daher rund 23,6 °C warm sein, kristallklar im angenehmen Sonnenschein. Ohne Energie aufzunehmen, hat sich die Luft um 3,6 °C

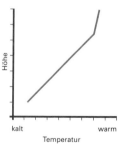

Abbildung 3 – Der Föhn

erwärmt, schlicht weil sie trockener ist und komprimiert wurde. In der Physik nennt sich dieses Phänomen *adiabatische Erwärmung*, oder, im umgekehrten Verlauf, *adiabatische Abkühlung*.

Man darf jedoch keinesfalls vergessen, dass der Föhn auch von Norden nach Süden wehen kann. In diesem Fall ist die Luft auf der dem Wind abgeneigten Leeseite (also diesmal im Süden) manchmal bereits zuvor derart trocken, dass durch die ebenfalls trockenen Fallwinde ernsthafte Brandgefahr besteht.

Der Föhn ist nicht zu unterschätzen und kann Geschwindigkeiten von mehr als 100 Stundenkilometern erreichen. Das Phänomen existiert nicht nur in den Alpen: In den Vereinigten Staaten etwa trägt ein ganz ähnlicher Luftkreislauf den Namen *Chinook*.

WAS SIND TYPISCHE GEBIRGSWOLKEN?

Selten sieht man so spektakuläre Exemplare der in den Bergen typischen linsenförmigen *Lenticularis*-Wolken wie jene, die den Fuji oder vergleichbare Gipfel zieren. Manchmal werden Facebook und Twitter von unglaublichen Bildern solcher Wolken regelrecht überflutet – und dabei handelt es sich um eine Erscheinung, die man an Gebirgszügen sehr häufig beobachten kann. Diese sanft geschwungenen Wolken entstehen auf dem Gipfel und auf der windabgewandten Seite des Berges, wenn starke und feuchte Winde in einer oder mehreren Schichten ein Gebirgsmassiv überqueren. Die dabei nach oben gedrückte Luft kühlt ab, und der Wasserdampf kondensiert zu Wolken. Ist die Hürde der Wolkenbildung einmal überwunden, senkt sich die nun dichtere Luft ab und erwärmt sich in der Abwärtsbewegung des Luftstroms gerade wieder so weit, dass das Wasser erneut verdunstet. Von Ferne betrachtet, scheinen diese Wolken sich recht stabil und regungslos um die Gipfel zu schmiegen. Die Wahrheit sieht jedoch ganz anders aus: Der Wind weht stetig in eine Richtung, und die Feuchtigkeit, die er mit sich bringt, kondensiert am Gipfel, um auf der Lee-

Abbildung 4 – Die linsenförmigen *Lenticularis*-Wolken

seite wieder zu verdunsten, wo der Luftstrom sich kilometerweit ungehindert in Wellenschwüngen fortsetzt. Mit überwältigender Gleichmäßigkeit wiederholen sich diese Wolkenformen, bis die Wellenbewegung des Windes schließlich abebbt.

Bergsteiger wissen nur zu gut, dass Wolken dieser Art eine atmosphärische Störung ankündigen, weshalb man sich besser langsam auf die Suche nach einem Unterschlupf macht, statt ihre Schönheit zu bewundern. Aber auch die Kondensstreifen eines Flugzeugs können Rückschlüsse darüber erlauben, ob die Wetterlage stabil bleibt oder nicht. Ist die Luft auf der Höhe eher trocken, lösen sich die Streifen rasch auf. Ist die Luftfeuchtigkeit hingegen sehr hoch, bleiben die weißen Linien lange bestehen und werden vom Wind fortgetragen.

ZIEHEN KIEFERN UND LÄRCHEN BLITZE AN?

Die Antwort lautet: ja und nein (als ob Wissenschaftler jemals eine klare und unmissverständliche Antwort geben würden!). Blitze entstehen, wenn zwischen Wolken und dem Erdboden eine sogenannte *Potenzialdifferenz*, also eine elektrische Spannung, besteht: Wolken laden sich elektrisch auf und entladen sich in den Boden.

Elektrischer Strom ist nicht nur schnell, sondern sucht sich auch stets die kürzeste Verbindung zum Erdboden, um sich zu entladen. Bäume, wie auch Kirchtürme und Schornsteine, erheben sich über ihre Umgebung in den Himmel und stellen daher fast schon eine Art Einladung für den Strom dar: eine Abkürzung, um möglichst schnell mit dem Erdboden in Kontakt zu kommen. Das Holz der Bäume wäre für sich genommen zwar ein äußerst schlechter Leiter für elektrische Spannung, doch wenn es gewittert und regnet, sind die Bäume durchnässt – und Wasser leitet Elektrizität ganz hervorragend. Was den Blitz darüber hinaus anzieht, ist die Tatsache, dass elektrische Ladungen sich nicht gleichmäßig über ein Objekt verteilen, sondern sich in dessen Enden konzentrieren. Kiefern und Lärchen stellen so etwas wie die Enden der Erdoberfläche dar, besonders dann, wenn sie isoliert stehen. Die elektrischen Ladungen sammeln sich in ihnen daher auf dieselbe Weise, in der sie sich etwa auch in der Spitze eines Blitzableiters konzentrieren.

Ein weiterer entscheidender Faktor bei Einschlägen in Bäumen hängt mit dem Wasser zusammen, das sich in ihrer Rinde befindet. Durch die plötzliche Erhitzung dieses Wassers geht es augenblicklich in den gasförmigen Zustand über und dehnt sich aus, weshalb der Baum regelrecht explodieren kann.

Man sollte sich bei Gewittern von Bäumen also eher fernhalten, auch weil die elektrische Entladung in einem Baum ein elektrisches Feld generiert, das sich rings um ihn kreisförmig entfaltet. Etwa 30 Meter Abstand von einem Baum, in den der Blitz einschlägt, reichen jedoch aus, damit der Strom sich harmlos im Boden verliert.

Auch Gesteinstürme, eine Felsnadel aus Granit oder ein besonders spitzer Gipfel können anziehend auf Blitze wirken. Dabei spielt eher ihre Form eine Rolle als ihre guten oder schlechten Eigenschaften als Leiter für elektrischen Strom. Ist also ein Gewitter im Anzug, sollte man sich besser auch von Gebirgskämmen fernhalten.

DIE WISSENSCHAFT VOM SCHNEE

WIE ENTSTEHT SCHNEE?

Begeben wir uns einmal im Winter in eine Wolke. Dort stoßen wir auf hohe Luftfeuchtigkeit, eine Temperatur, die unter 0 °C gefallen ist, und einige Schwebeteilchen, wie Staubpartikel, Sporen und sogar Bakterien. Diese Teilchen wirken als Kondensationskerne, was heißt, dass sich an ihnen der Wasserdampf als Wassertropfen niederschlägt und so rings um die Kerne Regentropfen oder Schneekristalle entstehen. Stellen wir uns also vor, dass die Lufttemperatur nicht nur den Kondensationspunkt des Wassers überschritten hat, sondern kurz danach auch die Schwelle, an der die Wassermoleküle zu kristallisieren beginnen. Es kommt zur sogenannten *Resublimation*: Der gewöhnliche Übergang vom gasförmigen zum flüssigen und schließlich zum festen Zustand wird abgekürzt, da es für ihn zu kalt ist und das Wasser nicht im flüssigen Zustand verweilen kann. Also wird aus gasförmigem Wasser (Dampf) sofort festes Wasser (Eis). Rings um die schwebenden Staubteilchen beginnt das Wasser auszukristallisieren, weitere Moleküle verbinden sich untereinander und der Kristall wächst. Wir sprechen hier von tatsächlichen Kristallen wie Quarz oder Rubin. Sie setzen sich aus Molekülen zusammen, die ihrerseits eine möglichst regelmäßige Struktur aufweisen – ihre symmetrische Gestalt spiegelt die bestmögliche Anordnung wider, in der ihre Moleküle sich verteilen können. Sie besitzen also eine inter-

Der Wasserdampf sammelt sich an den gefrorenen Spitzen und kondensiert.

Die Spitzen wachsen rasch.

Liegt zwischen zwei Spitzen ausreichend Abstand, entstehen leicht neue Spitzen und somit neue Verästelungen.

Abbildung 5 – Die Entstehung von Schneekristallen

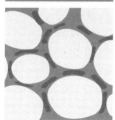

- Sobald er auf den Boden fällt, beginnt der Schneekristall sich zu verwandeln.
- Seine instabilen Spitzen lösen sich langsam auf, während in den Ausbuchtungen des Kristalls Wasserdampf kondensiert.
- Seine Ausmaße nehmen zu, und der Kristall erhält eine rundere Form.
- Am Ende sind die Körnchen beinahe kugelförmig. Sie können stellenweise durch kleine Eislinsen miteinander verschmolzen sein.

Abbildung 6 – Die Verwandlung von Schneekristallen am Boden

ne Architektur, die dem Kristall die größte Stabilität verleiht: eine Anordnung, in der zwischen den einzelnen, nebeneinanderliegenden Molekülen die gegenseitige Abstoßung so gering wie möglich und die gegenseitige Anziehung so groß wie möglich ausfällt. Bei Wasser, wie auch im Eis eines Gletschers oder in einem einzelnen Schneekristall, ist diese Symmetrie sechseckig. Schneeflocken sind Verbünde von übereinandergewachsenen Kristallen und können verschiedene Formen annehmen, die jedoch nur selten von der sechseckigen Symmetrie abweichen.

Es wäre also falsch anzunehmen, Schnee sei schlicht gefrorener Regen – denn gefriert Regen, entsteht Hagel –, vielmehr handelt es sich dabei um waschechte Kristalle, die aus Wasserdampf entstanden sind.

Form und Größe der Schneekristalle sind abhängig von der Feuchtigkeit und der Temperatur der Luft. Untersuchungen haben beispielsweise ergeben, dass große, verästelte Schneekristalle, wie sie auch gerne zur Weihnachtszeit die Fenster von Kindergärten und Grundschulen zieren, am häufigsten bei Temperaturen zwischen –10 und –20 °C und einer erhöhten Luftfeuchtigkeit entstehen. Die Äste des Kristalls bilden sich an jenen Punkten, an denen der Wasserdampf als Erstes kristallisiert. Anschließend fungieren sie als eine Art Fundament für weitere Kristallisation und strecken sich in die feuchte Umgebung aus. Aus diesem Grund können sich unter bestimmten Bedingungen zahlreiche und überaus komplexe Verästelungen ausbilden.

Bei der Entstehung von Schnee werden die einzelnen Kristalle zunächst noch von Luftströmen gehalten, sobald sie jedoch ein gewisses Gewicht erreichen, sinken sie zur Erde hinab. Im Fallen durchqueren sie manchmal Luftschichten mit Temperaturen knapp über 0 °C. In solchen Fällen verflüssigen sich die Spitzen einiger Kristalle kurzzeitig, was das Zusammenschweißen zu mitunter recht großen Schneeflocken begünstigt, die schließlich sanft auf die Erde trudeln. Ist die Temperatur jedoch sehr niedrig, schließen sich die einzelnen Kristalle nicht zusammen, was zu einem sehr feinen, mehlartigen und trockenen Schnee führt.

WARUM IST SCHNEE WEISS?

Im Winter ist alles weiß getüncht. Die *weiße* Schneedecke, w*eiße* Weihnachten, der reine *weiße* Schnee. Schön und gut, aber weshalb dieses ganze Weiß? Es geht hier in erster Linie um Farbe und Licht. Das, was wir *Licht* nennen, ist der für unsere Augen sichtbare Anteil der Sonnenstrahlen und setzt sich aus einem ganzen Regenbogen an Farben zusammen. Die Farbe eines undurchsichtigen, also lichtundurchlässigen Gegenstands ergibt sich aus der Mischung all jener Farben, die er nicht absorbiert. So erscheint uns das Gras beispielsweise grün, weil es das gesamte sichtbare Farbspektrum absorbiert, aber den grünen Bestandteil reflektiert. Ein leeres Blatt Papier erscheint uns weiß, weil es das gesamte Farbspektrum reflektiert, was wiederum von unserem Auge als Weiß wahrgenommen wird. Ein durchsichtiger Gegenstand, der Licht weder absorbiert noch reflektiert, erscheint uns hingegen farblos.

Schnee besteht aus einer unendlichen Anzahl mikroskopisch kleiner Kristalle, die weder transparent noch undurchsichtig sind, sondern *transluzent*. Das heißt, dass in ihrem Inneren das Licht nicht absorbiert, sondern nur leicht von seiner Bahn abgelenkt wird. Auf seinem Weg durch die einzelnen Kristalle wird das Licht jedoch nicht nur einmal, sondern immer wieder umgelenkt, bis es an der Oberfläche wieder austritt und in die Atmosphäre zurückstrahlt. Da der Schnee keinen Teil des sichtbaren Spektrums absorbiert hat, nimmt unser Auge es in seiner Gesamtheit wahr – die es, wie gesagt, als Weiß erkennt.

Frischer Schnee reflektiert sogar mehr als 90 % der einfallenden Strahlung, die gefürchteten UV-Strahlen und selbst Mikrowellen. Daher schmilzt er nicht gleich unter den ersten Strahlen der Sonne und daher ist es auch überaus wichtig, immer eine Sonnenbrille zu tragen und Sonnencreme zu benutzen, wenn man sich im Schnee befindet. Zudem ist aufgrund der dünneren Luft der Anteil der UV-Strahlen im Gebirge höher als etwa am Meer oder im Tiefland. Zählt man zu diesen Strahlen die vom Schnee zurückgeworfenen hinzu, verwundert es kaum, dass wenige Stunden in der Höhensonne ausreichen können, um die Zellen unserer Haut und unserer Augen zu schädigen.

DAS LEBEN EINER SCHNEEFLOCKE

In der Natur gibt es Weniges, das so veränderlich, instabil und zerbrechlich ist wie Schnee. Ein Experte oder ein erfahrener Bergsteiger kann schon aus der Ferne und auf einen Blick sagen, dass die Schneedecke auf diesem Gipfel, jenem Berggrat oder auf dem schattigen Hang dort drüben sich sehr von den anderen unterscheidet. Wenige Meter trennen etwa ein vollkommen sicheres Gebiet von einem Bereich, in dem die nächste Lawine so gut wie garantiert ist. Dabei sieht das alles für unsere ungeübten Augen doch einfach nur weiß aus …

Fällt der Schnee bei Bedingungen ohne den geringsten Windhauch und mit Temperaturen unter 0 °C, kann er ganz ruhig eine weiche Schneedecke bilden. Kaum dass er liegt, ändert er jedoch seine Gestalt. Es genügt etwa ein leichter Wind oder, bei milderen Temperaturen, auch nur die Schwerkraft, und die Verästelungen der Kristalle werden zerstört, woraufhin der Wind die oberste Schneeschicht dichter zusammenpresst. Liegt beispielsweise die Lufttemperatur um die 0 °C, ist der Schnee eher feucht und zusammenhängend; die Verästelungen können antauen und die Kristalle miteinander verschweißen, woraufhin der Schnee geradezu klebrig wird. Falls der Schnee an der Oberfläche aber bereits leicht nass geworden und mit dem nächtlichen Frost gefroren ist, entsteht manchmal eine Kruste, die das Gewicht eines ausgewachsenen Menschen aushalten kann. Wenn hingegen richtig viel Schnee fällt, beginnt die unterste Schneeschicht mitunter, sich aufgrund des hohen Gewichts der darüberliegenden zu verwandeln.

Man kann also sagen: Ist der Schneekristall oder die Schneeflocke erst einmal gefallen, setzt immer eine Metamorphose ein, bei der die Kristalle in Abhängigkeit von der Dicke der Schneedecke, der Temperatur, der Luftfeuchtigkeit und der Sonnenbestrahlung ihre Form und ihre Größe verändern.

In der letzten dieser Verwandlungsstufen des Schnees kommen Schmelzen und erneutes Gefrieren zum Tragen, und sie ereignet sich genau dann, wenn im Schnee Wasser zirkuliert – was typisch für den Frühling ist. Wasser dringt in den Schnee ein und schmilzt die kleinsten Körnchen. Die Schneeflocke mit ihren hübschen Ästen, aus denen diese Körnchen entstanden sind, ist inzwischen wenig mehr als eine verblasste Erinnerung. Es umschließt die größeren, deren Dimensionen dadurch noch zunehmen. Frühlingsschnee besteht daher aus recht großen Körnern, die etwa die Größe von Sandkörnern oder sehr feinem Kies aufweisen. In der Nacht oder falls es doch noch zu einem Kälteeinbruch kommt, frieren die einzelnen Körner aneinander fest, sodass am nächsten Morgen der Schnee eher hart ist und eine dicke Kruste gebildet hat. Dieser Schnee ist zu diesem Zeitpunkt schon auf dem Weg in die Vergessenheit: Der Kreislauf von Tauen und Einfrieren wird sich bald schon zugunsten des Tauens verlagern, der Schnee schmelzen und als Gebirgsbach munter ins Tal plätschern.

Es sei denn, der Schnee befindet sich auf derselben Höhe und in derselben Exposition wie ein Gletscher. Dann könnte er dem Frühling und dem Sommer trotzen, bis die herbstlichen Schneefälle einsetzen, die ihn mit einer neuen und frischen Schicht aus eisigem Weiß bedecken. So kann alter Schnee über Jahre hinweg erhalten bleiben und sich nach und nach in Eis verwandeln – eben jenes Eis, woraus die Gletscher bestehen.

Stimmt es, dass keine Schneeflocke der anderen gleicht?

Sagen wir, es ist nicht ganz leicht, vielleicht sogar überaus schwierig, zwei gleiche Schneeflocken zu finden, aber können wir mit Bestimmtheit ausschließen, dass es sie gibt? Man muss in jedem Fall anerkennen, dass es mindestens genauso schwierig ist zu beweisen, dass keine Schneeflocke der anderen gleicht, da man nicht alle Schneeflocken unter dem Mikroskop in Augenschein nehmen kann. Es stimmt jedoch, dass es sehr unwahrscheinlich ist. Auf molekularer Ebene ist die Wahrscheinlichkeit, zwei identische Schneeflocken zu entdecken, so gut wie null, da es statistisch beinahe unmöglich ist, dass sich an zwei verschiedenen Kristallen die Moleküle auf die exakt gleiche Weise anordnen.

Der einfachste Schneekristall hat eine flache, hexagonale Form. Die Besonderheit von Schnee liegt jedoch darin, dass er

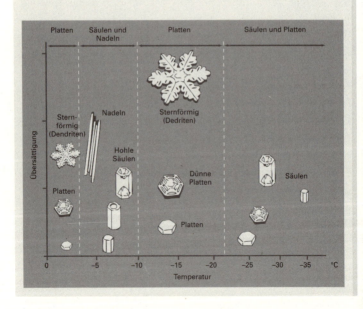

	Kristalle: kleine Prismen, perforiert oder massiv	Wachsen in übersättigter Luft (sie enthält mehr Wasserdampf, als unter normalen Umständen möglich wäre) zwischen −3 und −8 °C sowie unter −22 °C.
	Kristalle: Nadeln	Wachsen in übersättigter Luft zwischen −3 und −8 °C.
	Kristalle: hexagonale Platten	Wachsen in übersättigter Luft zwischen 0 und −3 °C und zwischen −8 und −25 °C.
	Kristalle: Sterne (Dendriten)	Wachsen in übersättigter Luft zwischen −12 und −16 °C.
	unregelmäßige Kristalle	Wachsen unter diversen Umweltbedingungen.
	Graupel	Schneekristalle, die aufgrund von Kontakt mit flüssigen Wasserpartikeln mit Reif überzogen sind.
	Hagel	Zu Eis gefrorene Wassertropfen (kein gefrorener Schnee, sondern fester Niederschlag).

Abbildung 7 – Klassifizierung von Schnee, basierend auf Temperatur und Übersättigungsgrad

in der Luft schwebend entsteht und von Luftströmen hierhin und dorthin getragen wird, weshalb sich die Temperatur- und Feuchtigkeitsbedingungen, die er durchläuft, in ständigem Wandel befinden. Dabei geht es um winzige, unmerkliche Veränderungen, die sich genauso subtil auf die Entstehung des Kristalls auswirken: Sein Wachstum folgt einer bestimmten Architektur, bis sich eine minimal andere Temperatur oder

Feuchtigkeitskonzentration einstellt, die den Bauplan ein klein wenig verändert. Das setzt sich fort, bis der Schneekristall schließlich zu wachsen aufhört und zu Boden fällt. Dabei bleibt seine Symmetrie erhalten, weil die Umweltbedingungen jeweils den gesamten Kristall beeinflussen. Wächst daher beispielsweise ein Ast auf der rechten Seite des Schneekristalls, wächst ein gleicher auf seiner linken Seite. Gleichwohl verändern sich diese Umweltbedingungen, sobald der Kristall in einen anderen Teil der Wolke geweht wird, was das weitere Wachstum beeinflusst. Könnten Schneekristalle in gleichbleibender Luft unbehelligt wachsen, bis sie die Größe eines Quarzkristalls erreichen, würde dabei sicher auch die eine oder andere Unregelmäßigkeit entstehen, die man mit bloßem Auge erkennen könnte. Doch bevor es dazu kommen kann, ist der Kristall längst zur Erde gesegelt, von einem Mädchen aufgehoben und zu einem Schneeball geformt worden, den es gleich auf seinen (nicht länger) besten Freund schleudern wird.

DER PERFEKTE SCHNEEBALL

Um herauszufinden, welche Art von Schnee sich am besten dafür eignet, einen perfekten Schneeball zu bauen, muss man nichts weiter tun, als es wieder und wieder auszuprobieren. Bestimmte Schneesorten lassen sich schlichtweg nicht zu einem Ball formen, ganz so, als wollte man eine Kugel aus trockenem Sand machen. Anderer Schnee wird ohne weiteres zu einem harten Ball. Aber schleudert man diesen dann auf den nächstbesten Fußgänger, landet der Getroffene – und vielleicht auch man selbst – womöglich im Krankenhaus. Ganz nach dem Naturgesetz *Aktion-Reaktion*.

Das Geheimnis des perfekten Schneeballs liegt im richtigen Verhältnis von Temperatur und Feuchtigkeit verborgen.

Für unsere Zwecke muss der Schnee also ein wenig anschmelzen und dadurch etwas kompakter werden, um die *Kohäsion* zwischen den Eiskristallen zu erhöhen, ohne über das Ziel hinauszuschießen, da zu stark geschmolzener Schnee an Festigkeit verliert und zu matschig wird.

Folglich ist der beste Schnee eben *nicht* der frische, eiskalte Schnee, der mitten im Winter im Gebirge fällt, denn dieser ist zu kalt, zu trocken und enthält mehr Luft als Schnee. Presst man eine Handvoll davon zu einem Ball zusammen, zerstört man damit die Verästelungen der Kristalle, die dazwischen enthaltene Luft entweicht, und letzten Endes bleibt kaum etwas übrig. Hat man aber gerade keinen anderen Schnee zur Verfügung, bietet es sich an, ein wenig zu graben, denn in etwa 20 Zentimetern Tiefe ist der Schnee dank des auf ihm lastenden Gewichts schon etwas kompakter und weniger luftig.

Auch den Frühlingsschnee, also den oben erwähnten nassen Schnee, sollte man vermeiden, da er zu viel Wasser enthält. Das flüssige Wasser löst die Schneemasse eher auf, als dass es die Kohäsion verbessert, und verwandelt den Schneeball in Schneematsch.

Am besten gelingen Schneebälle, wenn die Lufttemperatur in Bodennähe knapp unter 0 °C liegt und der Schnee sich noch nicht in einzelne, deutlich erkennbare Körner gewandelt hat und bereits wie Sand aussieht. Ein leichter Druck zwischen den Händen wird den Schnee gerade genug schmelzen, um die Verbindungen zwischen den Schneekörnchen zu begünstigen und etwas von der Luft entweichen zu lassen, sodass an ihrer Stelle etwas Schmelzwasser den Schnee durchdringen kann – und schon hält man den perfekten Schneeball in Händen.

Zum Abschluss noch eine kleine Warnung: Besondere Vorsicht ist bei perfekten Schneebällen geboten, die über Nacht auf der Fensterbank gelegen haben. Einen solchen am nächsten Morgen gegen ein Fenster zu werfen hat denselben Effekt wie ein geschleuderter Stein. In der Nacht ist nämlich das im Schnee enthaltene Wasser wieder gefroren, weshalb aus dem Schneeball mittlerweile ein massiver Eisball geworden ist.

Ein allerletzter praktischer Hinweis: Man sollte nicht zu den besten Handschuhen greifen, wenn man es auf einen perfekten Schneeball abgesehen hat. Denn wenn diese zu gut isolieren, fehlt das Quäntchen Körperwärme, das die Hände ausstrahlen, um die Oberfläche des Schneeballs leicht schmelzen zu lassen. Und nur mit angeschmolzener Oberfläche wird der Ball rund und glatt genug, um auf seiner Flugbahn mit Sicherheit zum Ziel zu finden.

Sind Kunstschnee und echter Schnee gleich?

Die Antwort lautet ganz eindeutig: nein. Auf den Skipisten trifft man inzwischen immer öfter auf Kunstschnee, also auf *technischen Schnee*, der künstlich erzeugt wurde, aber nichts Künstliches enthält. Der ebenfalls als Kunstschnee bezeichnete Dekoschnee beispielsweise wird aus Kunststoff hergestellt. In Österreich etwa kommt Kunstschnee in rund der Hälfte der Skigebiete zum Einsatz, in Italien geht es gar nicht mehr ohne. Die Schneekanonen, aus denen er geschossen kommt, sind im Grunde Maschinen, die bis fast auf den Gefrierpunkt ge-

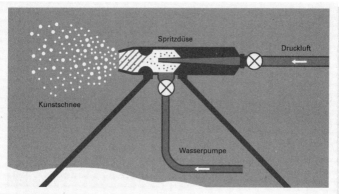

Abbildung 8 – Funktionsweise einer Schneekanone

kühltes Wasser mit Druckluft ausspeien oder gegen einen riesigen Ventilator schießen und so winzige Wassertröpfchen versprühen. Die Dekompression des Luftstroms senkt die Temperatur genau so weit, dass die Wassertropfen augenblicklich gefrieren und als scheinbarer Schnee auf der Piste landen. Der dabei entstehende Kristall hat jedoch größere Ähnlichkeit mit Hagel als mit Schnee, da er aus einem Zusammenschluss winziger Eiskügelchen besteht. Für Schneekanonen besteht eine Schwierigkeit darin, genügend Kondensationskerne aufzutreiben, die, wie wir ja wissen, für die Bildung von Schnee- und Eiskristallen von essenzieller Bedeutung sind. Aus diesem Grund fügen die Hersteller von technischem Schnee mineralische Partikel hinzu, aber auch Reinigungsmittel oder sogar Bakterien wie *Pseudomonas syringae*. Dieses Bakterium produziert ein Protein, das Wasser bei rund −2 °C gefrieren lässt (und als Pflanzenpathogen gilt, weil es Frostschäden verursachen kann). In der Natur wurde es bereits oft als Kondensationskern in Wolken nachgewiesen.

Künstlich erzeugter Schnee führt unausweichlich zu einer Veränderung des natürlichen Zustands eines Hangs, da er beispielsweise Zusätze enthalten kann, die düngend wirken. Studien haben nachgewiesen, dass dies einen Einfluss auf die

> natürliche Zusammensetzung der Gräser haben und deren Vielfalt reduzieren kann. Andererseits schützt eine zusätzliche Schicht aus relativ hartem Schnee die Vegetation und das Gelände vor den mechanischen Schäden, die aus der Pflege der Piste resultieren. Es ist also umstritten, welche Folgen technischer Schnee für die Umwelt hat. Eine im schweizerischen Davos durchgeführte Studie zeigt jedoch, dass der Energieverbrauch für die Schneeherstellung rund 0,5 % des jährlichen Energiebudgets ausmacht (für das Beheizen der Privathaushalte werden rund 32 % veranschlagt). Der Wasserverbrauch schlägt da laut der Studie mit 20 bis 35 % schon deutlicher zu Buche.

REINIGT SCHNEE DIE LUFT?

Schnee kann tatsächlich dazu führen, dass die Luft sauberer wird. Die schlechte Nachricht ist aber, dass die Luft gereinigt wird, weil Schnee ein ganz vorzüglicher Straßenkehrer ist und mit seinen kristallinen Verästelungen einen ganz hervorragenden Filter darstellt. Bei seiner Entstehung – als Kern für die Schneekristalle dienen mikroskopische Partikel, unter anderem Schadstoffe – und während er aus den Wolken rieselt, sammelt er Verunreinigungen aus der Luft und trägt sie mit sich zu Boden. Das führt dazu, dass in der Nähe des Meeres im Schnee eine hohe Konzentration an Na^+- und Cl^--Ionen festgestellt werden kann. Auf der Inselgruppe Spitzbergen beispielsweise ist die Natriumkonzentration hundertmal höher als in den Alpen. Die hohe Luftverschmutzung in den Ebenen macht den Schnee hingegen aufgrund des hohen Anteils an sauren Anionen aus fossilen Brennstoffen leicht sauer. Schnee säubert demnach die Luft sowohl von industriellen Schadstoffen als auch von natürlichen Staubpartikeln.

Schnee reinigt die Luft sogar derart gründlich, dass er in manchen Städten genutzt wird, um die Verteilung von organischen und anorganischen Verbindungen sowie Schwermetallen, die als

Folge des Stadtverkehrs auftreten, zu überwachen. Man muss nur eine Schneeprobe in einer gewissen Entfernung einer Straße nehmen und im Labor untersuchen, um relativ genau bestimmen zu können, wie hoch die Luftverschmutzung in dieser Gegend war, als es geschneit hat. Dabei beschränkt sich die Verschmutzung jedoch keinesfalls auf einen Umkreis von wenigen Metern rings um die Straße, trägt doch der Wind viele Schadstoffe Dutzende oder sogar Hunderte von Kilometern weit ins Land. Zur Veranschaulichung soll hier eine Untersuchung aus Chile genügen, bei der festgestellt wurde, dass die Folgen der Umweltverschmutzung aus Santiago de Chile im Schnee der Nevados de Chillán gemessen werden konnten – ganze 500 Kilometer südlich der Stadt!

Obwohl es also stimmt, dass Schnee die Luft reinigt, ist das doch nur ein geringer Erfolg, da die von ihm aus der Luft entfernten Verunreinigungen im Endeffekt in den Gebirgsbächen und Seen landen oder für eine gewisse Zeit im Eis der Gletscher eingelagert werden. Mit etwas Glück allerdings kann es auch sein, dass die Schadstoffe durch Versickerungen bis in die Eingeweide der Berge dringen, wo sie dann von verschiedenen Gesteinsschichten nach allen Regeln der Kunst purifiziert werden.

DIE WISSENSCHAFT DES CARVING

WESHALB GLEITEN SKIER?

In Wirklichkeit gleiten Skier nicht auf Schnee, sondern auf Wasser. Das liegt daran, dass der Gefrierpunkt von Schnee vom Druck abhängt und sinkt, wenn dieser zunimmt. Gleitet nun ein Skifahrer über ein Schneefeld, übt er mit seinem Gewicht auf der ganzen Länge seiner Skier ausreichend Druck aus, um eine hauchdünne Schneeschicht zum Schmelzen zu bringen, die zu flüssigem Wasser wird. Die *Reibung* zwischen einem Festkörper und einer Flüssigkeit – in diesem Fall zwischen dem Ski und der Wasserschicht – ist bedeutend geringer, als sie es bei zahllosen spitzen Schneekristallen wäre, wobei beim Skifahren also zwei Festkörper miteinander in Kontakt kommen würden. Doch das Skifahren hinterlässt weder eine lange flüssige Spur noch plätschern in den gleisartigen Fahrrinnen von Skiern kleine Gebirgsbäche dahin, denn das Wasser, das durch den aufgebauten Druck entsteht, gefriert augenblicklich wieder zu Eis. Bei einer Fahrt über Neuschnee werden sich jedoch die zurückgelassenen Schneekristalle deutlich von den ursprünglichen unterscheiden, da vorher vorhandene Verästelungen zwischen ihnen verloren gehen.

Aber wenn das tatsächlich stimmt, müsste man doch im Frühling, wenn der Schnee vollkommen durchnässt ist, ganz hervorragend über die Pisten brausen können! Leider ist das jedoch nicht der Fall, da im Frühling zu viel Wasser im Schnee vorhanden ist und unter dem Ski daher nicht genug Raum bleibt für das dünne Luftkissen, auf dem er sonst dahingleitet. So sinkt er ein und wird vom Wasser umschlossen, das obendrein noch einen lästigen Saugeffekt mit sich bringt, der die Skier zusätzlich am Gleiten hindert. Um diesem Effekt entgegenzuwirken, kann es hilfreich sein, die Unterseite der Skier mit eigens dafür vorgesehenem Skiwachs einzureiben. Dessen wasserabweisende Eigenschaften reichen vielleicht nicht aus, um das Luftkissen gänzlich zu ersetzen, können aber immerhin den Saugeffekt mildern.

DAS GEHEIMNIS EINES GUTEN CARVING-SKIS

Der Traum eines jeden Wintersportlers ist es, die perfekte Kurve hinzulegen: wie mit dem Zirkel gezogen, aus voller Fahrt, elegant und kühn. Die ideale Kurve, sei es auf dem Snowboard oder auf Skiern, ist die, bei der nur die Kante des Skis – und nicht seine flache Unterseite – ihre Bahn in den Schnee zeichnet, ohne seitlich wegzurutschen, also ohne zu driften. Die Physik lehrt uns jedoch, dass die perfekte Kurve ein Traum bleiben muss, weil sie im Grunde schlicht unmöglich ist. Aber man kann sich der Perfektion immerhin annähern! Wollten wir eine perfekte halbkreisförmige Kurve fahren, die eine Wende von 180° beschreibt, müssten wir ab dem Moment, da wir dazu ansetzen, die *Geschwindigkeit verringern*, da andernfalls die Kombination aus Zentrifugalkraft und Beschleunigung (aufgrund der zusätzlichen Hangneigung) unsere Skier ins Rutschen und Driften bringen würde, was uns, wortwörtlich, aus der Bahn werfen würde. Bremsen? Niemals! Selbst wenn wir nicht gerade ein Rennen bestreiten, wollen wir – alles in allem – unsere Geschwindigkeit doch eher erhöhen. Doch das gelingt uns nur, indem wir *den Radius der Kurve verringern*, mitten während wir sie fahren. Auf Skiern hat die perfekte Kurve folglich nicht die Form eines C oder die eines makellosen Halbkrei-

Um beim Carving eine ideale Kurve zu fahren, müssen die Skier in dieselbe Richtung weisen wie die Kurve. Der einzige Reibungswiderstand besteht zwischen der schmalen, scharfen Kante und der vom Ski »eingeschnittenen« Rille.

Meistens jedoch »driften« Skifahrer: Die Richtung der Skier und die Richtung der Kurve sind nicht identisch. Es kommt zu einem geringfügigen Bremsvorgang: Kinetische Energie verliert sich in der Reibung zwischen der Lauffläche der Skier und dem Schnee.

ses, sondern ähnelt eher einem J: Man muss also den Kurvenradius nach und nach verringern, während man die Kurvenbewegung ausführt, was auch die Geschwindigkeit gerade so weit reduziert, dass die Skier nicht wegrutschen.

Bei einer Slalomabfahrt gelingt den Skifahrern aber selten die perfekte J-Kurve, denn sie versuchen vielmehr zu beschleunigen, während sie um die Tore herumschnellen. Damit jedoch erzielen sie die gegenteilige Wirkung, weil sie auf diese Weise durch das entstehende Driften bremsen.

In der idealen Kurve würde die scharfe Kante des Skis eine feine Linie in den Schnee schneiden, von deren Reibung der einzige Widerstand ausginge. Dabei müsste also der Ski in dieselbe Richtung zeigen, in die der Vektor unserer Beschleunigung weist. In der Praxis stellen sich Skifahrer zum Fahren einer Kurve aber gegen die Richtung ihrer bisherigen Fahrt und können daher gar nicht anders, als ein kleines bisschen seitlich zu driften. Skier und Flugkräfte zeigen also nicht mehr gemeinsam in die Richtung, in die die Kurve weist. Das führt dazu, dass kinetische Energie in der seitlichen Reibung zwischen dem Untergrund und den Kanten der Skier verbraucht wird, die daher den Schnee verschieben und das typische Wölkchen aufwirbeln – wodurch Skifahrer letztlich an Geschwindigkeit einbüßen. Der Versuch, eine »normale« Kurve (in C-Form) in der Hoffnung auszuführen, dabei auch noch Fahrt aufzunehmen, würde den Skifahrer einer derartigen Zentrifugal-

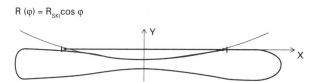

Abbildung 9 – Die Physik eines Skis

kraft aussetzen, dass er höchstwahrscheinlich zwischen die Tore purzeln würde.

Bei der perfekten Kurve hängt vieles auch vom Kurvenradius des Skis selbst ab, der sogenannten *Taillierung* oder dem *Sidecut*. Die perfekte Kurve entspricht dem Kurvenradius des Skis (R_{SKI} in Abbildung 9) mal dem Cosinus des Winkels zwischen dem Ski und dem Untergrund. Einfacher ausgedrückt: Indem man die Neigung der Skier erhöht, reduziert man den Radius der Kreisbewegung, was einer engeren Kurve gleichkommt. Eine dabei mögliche Kurve reicht von 0° (Ski liegen flach auf, man fährt geradeaus) bis zu einer maximalen Neigung von idealerweise 90° zum Hang (nicht ausprobieren!) und einem Radius, der dem Kurvenradius des Skis entspricht. Engere Kurven aber sind in der Praxis nie perfekt und hinterlassen auch keine klare und elegante Linie im Schnee. Sie gelingen nur, indem man die Skier ausbrechen und driften lässt, was zwar eine geometrisch betrachtet weniger raffinierte Lösung darstellt, gleichzeitig aber gut funktioniert, Spaß macht und notwendig ist, wenn man sich auf den Skiern halten möchte.

WIE ENTSTEHEN LAWINEN?

Wer dieses Buch in der Sonne liest, vor sich das Panorama grüner Alpenhänge im Glanz des Sommers, dem könnten Lawinen als Problem ... zumindest nebensächlich erscheinen. Für Bergdörfer hingegen sind sie das keinesfalls. Allein in Europa und Nordamerika haben Lawinen zwischen 2000 und 2010 insgesamt 1900 Todesopfer gefordert. Diese Zahl würde sogar noch drastisch ansteigen, nähme man die Statistiken aus Asien und Südamerika hinzu. Allein in Kanada beläuft sich der geschätzte Schaden an der Infrastruktur auf jährlich fünf Millionen Dollar.

Man kann Lawinen also nach ihrem Zerstörungspotenzial klassifizieren. Auf einer Skala von eins bis fünf fängt man bei einer kleinen Lawine an, deren Masse unter zehn Tonnen liegt und die nur über wenige Dutzend Meter abgeht, und gelangt schließlich zur extremen Zerstörungswut einer Lawine von mindestens 100 000 Tonnen Schnee, die gerne auch 2000 Meter weit ins Tal rauscht und ohne weiteres ein ganzes Bergdorf oder bis zu 40 Hektar Wald vernichten kann.

◇◇

Oberlawine: Die Lawine entsteht entlang einer Schneeschicht, die wenig Haftung bietet. Die sich ablösende Schneemasse verfügt hingegen über große Kohäsion.

Bodenlawine: Die gesamte Schneedecke ist betroffen und gleitet auf dem Untergrund. Typisch für das Frühjahr. Der Schnee weist einen guten Zusammenhalt auf.

Staublawine: Pulverschnee mit geringem Zusammenhalt zwischen den Kristallen löst sich und bildet eine Lawine.

Abbildung 10 – Lawinentypen

Europäische Lawinengefahrenskala

Gefahrenstufe	Wahrscheinlichkeit eines Lawinenabgangs	Was Personen außerhalb gesicherter Zonen beachten sollten
1 gering	Das Auslösen einer Lawine ist allgemein nur bei großer Zusatzbelastung an vereinzelten Stellen im extremen Steilgelände möglich. Spontan kommt es nur zu Rutschen und kleineren Lawinen.	Allgemein sichere Tourenverhältnisse.
2 mäßig	Das Auslösen einer Lawine ist insbesondere bei großer Zusatzbelastung vor allem an den angegebenen Steilhängen möglich.	Unter Berücksichtigung lokaler Gefahrenstellen günstige Tourenverhältnisse.
3 erheblich	Das Auslösen einer Lawine ist bereits bei geringer Zusatzbelastung vor allem an den angegebenen Steilhängen möglich. Fallweise kann es spontan zu einigen mittleren, vereinzelt aber auch großen Lawinen kommen.	Skitouren erfordern lawinenkundliches Beurteilungsvermögen. Tourenmöglichkeiten eingeschränkt.
4 groß	Das Auslösen einer Lawine ist bereits bei geringer Zusatzbelastung an zahlreichen Steilhängen wahrscheinlich. Fallweise sind spontan viele mittlere, mehrfach auch große Lawinen zu erwarten.	Skitouren erfordern großes lawinenkundliches Beurteilungsvermögen. Tourenmöglichkeiten stark eingeschränkt.
5 sehr groß	Spontan sind viele große, mehrfach auch sehr große Lawinen auch in mäßig steilem Gelände zu erwarten.	Skitouren sind allgemein nicht möglich.

◇◇◇

Man kann Lawinen aber auch in zwei Kategorien einteilen: die *spontan ausgelösten* und die vom Menschen *provoziert ausgelösten*. Erstere können heutzutage relativ gut vorhergesagt werden. Dazu reichen Angaben über das Gelände, wie über die vorhandene Hangneigung, Exposition und Vegetation, und über die Meteorologie, also darüber, ob es zu Schneefällen kommt. Fachleute sind in der Lage, diejenigen Stellen im Gelände auszumachen, die besonders günstig für einen Lawinenabgang sind. Zur Beurteilung der tatsächlichen Gefahr ziehen sie zudem statistische Modelle zurate, aus denen sich ein Wiederholungszeitraum ableiten lässt. Diese Modelle können Aufschluss darüber geben, im Abstand wie vieler Jahre unter bestimmten Niederschlagsbedingungen in einem Tal oder an einem Hang Lawinen mit großer Zerstörungskraft abgehen. Hierfür werden mathematische Berechnungen angestellt und historische Daten zurate gezogen sowie die oft nur spärliche Erinnerung an die jüngste Geschichte zugrunde gelegt – denn große Lawinen sind relativ seltene Ereignisse. Anhand dieser doch recht mageren Daten können Wissenschaftlicher und Ingenieure den größten Teil der Siedlungen im Gebirge, mitsamt ihren Straßen und Brücken, erfolgreich schützen.

Die zweite Kategorie, mit provozierter Auslösung, wird durch externe Einwirkung hervorgerufen, die meistens Aktivitäten wie Skitouren, Schneeschuhwanderungen oder Tiefschneefahren abseits der Pisten zugeschrieben werden kann. Heutzutage sind 90 % der Todesopfer in den Alpen und den Rocky Mountains auf Lawinen zurückzuführen, die von Sportlern und Touristen ausgelöst wurden. Das Phänomen ist so gut erforscht, dass einige Wissenschaftler anhand der Untersuchung von 630 Lawinen einen Modellfall haben ausmachen können, der sich mit einiger Häufigkeit wiederholt: Ein Skifahrer oder Wanderer fährt oder läuft über eine oberflächliche Schneeschicht mit mittlerer Festigkeit, die beispielsweise vom Wind festgedrückt wurde. Diese wiederum liegt auf einer empfindlicheren Schneeschicht auf, die kaum Kohäsion aufweist und oftmals nur einige Zentimeter unter der Oberfläche liegt (durchschnittlich etwa 45 Zentimeter). Das ist die sogenannte *Schwachschicht*, die Experten auszumachen versuchen, indem sie ein Loch in den Schnee graben oder spezielle Instrumente einsetzen, die von der Oberfläche her Druck aufbauen. Das zusätzliche Gewicht des Skifahrers oder Wanderers bricht ein großes Schneebrett los, das etwa 50 Meter breit und etwa 80 Meter lang ist und das auf einem Hang mit einer Neigung von 38 bis 40° etwa 150 Meter weit abrutscht. Das geschieht meist oberhalb der Baumgrenze und auf Hängen mit Nord- oder Ostexposition, da der Schnee dort deutlich weicher ist. Es gibt sogar eine Art Fahndungsbild der Schneeschicht, die als Rutschbahn dient. Sie ist nur einen Zentimeter dick und besteht aus verhältnismäßig großen Kristallen mit einer Länge von zwei Millimetern oder mehr, die glatte Oberflächen aufweisen. Diese Schicht aus kleinen Eisplättchen entsteht durch die bereits erwähnte Metamorphose des Schnees, vor allem wenn es sehr kalt ist und ein erhöhter Temperaturunterschied zwischen den tiefen Schneeschichten (um die 0 °C) und der Oberfläche (beispielsweise in einer frostigen Nacht bei −15 °C) vorliegt. Dann kann es geschehen, dass Wasserdampf aus der Tiefe aufsteigt und sich an der Oberfläche diese gefährlichen Schneekristalle bilden, die anschließend zugeschneit werden. Die somit entstandene Rutschbahn liegt dann unter dem neuen Schnee verborgen.

So eine Schneedecke kann extrem instabil und hinterhältig sein: Der erste Skifahrer rauscht heran, schwingt zwei hübsche Kurven in den Schnee und verschwindet wieder. Dann kommt der zweite, der angesichts der lockeren Abfahrt des ersten nichts Böses ahnt, und legt sich mit etwas mehr Druck in die Kurve. Haben bislang Kohäsion und Reibung die Schneedecke an Ort und Stelle gehalten, gesellt sich nun die zusätzliche Belastung zur ohnehin an ihr zerrenden Schwerkraft und bringt das Kräfteverhältnis aus dem Gleichgewicht. Die Schneedecke reißt, beginnt zu rutschen und stürzt mitsamt dem zweiten Skifahrer in die Tiefe.

Die meisten solcher Unfälle ereignen sich übrigens mitten im Winter, an klaren Tagen, nachdem reichlich Schnee gefallen ist. Ein solcher Tag, auf dem richtigen Hang mit frischem Schnee – das verspricht eine unvergessliche Abfahrt. Aber so unwiderstehlich diese Bedingungen für Skifahrer auch sind, bergen sie doch leider oft eine tödliche Gefahr.

Lawinen:
Was lehrt uns die Geschichte?

Militärstrategen studieren die Geschichte, weil historische Quellen bekanntlich dabei helfen, grobe Fehler zu vermeiden, die andernfalls Hunderte oder Tausende Soldaten das Leben kosten oder womöglich das Scheitern einer ganzen Militärkampagne bedeuten könnten. Dennoch sind es gerade die hochrangigen und mit Medaillen übersäten Militärgenies, die uns lehren, wie wenig wir aus der Vergangenheit gelernt haben. Denn der größte Anteil an Lawinenopfern hängt ebenfalls mit Militäraktionen zusammen: Die älteste überlieferte Aktion unter diesen ist der Feldzug Hannibals im Jahr 218 v. Chr. Seine Beschreibung verdanken wir Titus Livius, der festhält, dass der Feldherr aus Karthago bei der Überquerung der Alpen 12 000 Soldaten und 2000 Pferde an Lawinen verlor, was ihn allerdings nicht aufzuhalten vermochte, da er eine gewaltige Armee anführte, die am Ende noch mit rund 50 000 Kämpfern in die Po-Ebene einfiel und die römischen Truppen überraschte. Später verlor auch der große Napoleon – der wahrscheinlich gerade geschwänzt hatte, als im Unterricht Titus Livius durchgenommen wurde – Hunderte Soldaten in den Alpen, als sie von Lawinen erfasst wurden. Während des Ersten Weltkriegs bekämpften sich italienische und österreichische Truppen monatelang in den Dolomiten, wobei auch hier Tausende Menschen Lawinen zum Opfer fielen. In den Auseinandersetzungen zwischen Pakistan und Indien, die sich gegenseitig einen Teil des Karakorum streitig machen, tötete im Jahr 2012 eine Lawine schließlich rund 130 Soldaten.

WIE LANGE ÜBERLEBT MAN UNTER EINER LAWINE?

Die Chancen, eine Lawine zu überleben, stehen schlecht. Denn wird man von einer Lawine erfasst, begräbt sie einen mit einer Wahrscheinlichkeit von 35 % vollkommen. Wenn es tatsächlich dazu kommt, besteht nicht nur die Gefahr zu ersticken, sondern auch, dass man für etwaige Helfer völlig unsichtbar ist, die ein verschüttetes Opfer erst einmal unter all dem Schnee ausfindig machen müssen, bevor sie überhaupt eingreifen können. Die ersten 15 Minuten nach dem Ereignis sind entscheidend: 93 % aller Personen, die innerhalb dieses Zeitraums gerettet werden konnten, haben überlebt. In den nächsten 30 Minuten hingegen fällt

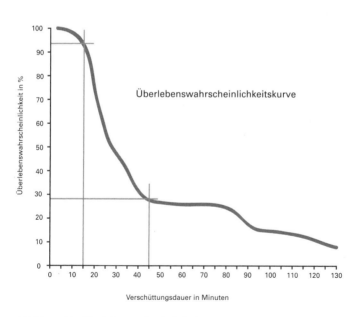

Abbildung 11 – Überlebenswahrscheinlichkeit unter einer Lawine

die Überlebenswahrscheinlichkeit bereits rapide auf 25 %. Der Schnee nämlich, unter dem ein Opfer begraben liegt, enthält in seinen Zwischenräumen nur wenig Luft, die rasch aufgebraucht ist, woraufhin der Tod durch Ersticken eintritt. In bestimmten Fällen, etwa wenn der Verschüttete von einer *Atemhöhle* umgeben ist, einem ausreichend großen Hohlraum mit Luft, kann er auch länger als 45 Minuten überleben. Nur 20 % der Lawinenopfer überleben jedoch länger als 90 Minuten, weil sich an diesem Punkt auch die Hypothermie oder Unterkühlung bemerkbar macht: Bei 0 °C oder weniger braucht unser Körper alle seine Lebenskräfte auf. Statistiken zufolge sind nach 130 Minuten schließlich nur noch 7 % der Opfer am Leben.

Oftmals tritt der Tod jedoch bereits infolge eines Traumas ein, das man sich während des Sturzes beim Zusammenstoß mit einem Hindernis zuzieht, etwa einem Felsen oder einem Baum. Doch zum Glück gibt es einen sehr effektiven Schutz, der einem in einer Lawine das Leben retten kann: den Lawinen-Airbag.

Wie funktioniert der Lawinen-Airbag?

In unseren Gebirgen stellen Lawinen besonders für jene Menschen eine Gefahr dar, die mit und im Schnee arbeiten. Derzeit sind zwei Hilfsmittel im Einsatz, um das Risiko zu verringern. Das erste ist ein kleiner Impulssender, mit dessen Hilfe die anderen Teilnehmer einer Schneetour den Verschütteten innerhalb kürzester Zeit ausfindig machen können, um möglichst rasch Hilfestellung leisten zu können. Das zweite zielt darauf ab, schon die (vollkommene) Verschüttung des Verunglückten zu vermeiden, indem es ihn an der Oberfläche des Schneetsunamis treiben lässt, der ihn zu begraben droht: Der Lawinen-Airbag ist eine Art Rucksack, den man auslösen muss, sobald man merkt, dass man von einer Lawine erfasst wurde. Er enthält eine spezielle Vorrichtung, die einen Ballon mit einem Volumen von 120 bis 150 Litern aufbläst, von dem der Erfasste an der Oberfläche der Lawine gehalten werden soll.

Eine bereits vor rund zehn Jahren durchgeführte Untersuchungsreihe ergab, dass ein Sender die Rettungszeiten drastisch verringern kann, etwa von 120 auf 35 Minuten. Der Effekt, den dies auf die tatsächliche Überlebensrate von Lawinenopfern hatte, war aber noch nicht zufriedenstellend. Daher wurden in den folgenden Jahren noch ausgefeiltere Geräte entwickelt, die heute mit Mehrfachantennen und Software ausgestattet sind, die eine noch präzisere Auswertung der Signale ermöglichen. Es liegen zwar noch keine umfassenden Studien vor, aber es ist sehr wahrscheinlich, dass durch diese neuen Modelle das System noch effizienter wird.

Der Rucksack-Airbag schließlich kam erst vor relativ kurzer Zeit auf den Markt, und erst nach und nach erscheinen Studien, die sich mit ihm befassen. Ersten Ergebnissen zufolge reduziert dieses System das Risiko um sage und schreibe 91 %, was eine regelrechte Revolution darstellt. Einem von fünf Skifahrern oder Wanderern gelingt es jedoch nicht, das System auszulösen, sei es, weil der Airbag versagt oder weil es nicht gelingt, den Mechanismus zu aktivieren. Bei vollkommener Verschüttung bleibt daher der Peilsender das einzig wirksame System. Auch mit ihm ist jedoch Vorsicht geboten, denn es scheint, als wirke seine zunehmende Verbreitung sich auf die Einstellung vieler Wintersportler gegenüber dem Schnee aus: Der Sender vermittelt Sicherheit und steigert die Zuversicht, weshalb viele sich unbekümmert in Situationen begeben, die sie ansonsten als gefährlich eingestuft hätten und vorsichtiger angegangen wären.

DANKSAGUNGEN

Ich habe natürlich nicht alles allein vollbracht – bei meinen Bemühungen, die Berge und ihre Mechanismen besser zu verstehen, haben mir folgende Personen (in loser Reihenfolge) geholfen und mich in manchen Fällen sogar gerettet: Chiara Montemoli, Daniela Germani, Silvia Fuselli, Giuseppe Miserocchi, Andrea Toffaletti, Marcello Alborghetti, Alessio Menegatti, Pietro Sternai, Alessandro Zardini, Fabio Monforti, Gianluca Valensise, Marco Caccianiga, Mauro Gobbi, Roberto Ambrosini, Francesco Comiti, Luca Pedrotti, Gianluca Tognoni und Valeria Lencioni.

Unersetzlich, insbesondere bei der Auswahl der sogenannten »heißen« Themen, war schließlich die Hilfe von Giovanna Di Pietro und Bianca und Emanuele Pasotti.